手工纸艺教程

主 编 杨玉红
编 者 卢 科 关鹏志 宁燕玲 王慧颖
　　　 袁 欣 杨 鹤 李佳嘉 曹家毓
　　　 穆 野 葛 晶 许 婷 史海洋
　　　 王 鹤 王世芳 张黎娜 肖宇虹

复旦大學 出版社

内容提要

《手工纸艺教程》是面向各类院校学前教育专业的一本综合类纸工教材。教学内容有剪纸、纸雕、立体卡片、纸塑模型、折纸、衍纸、纸花制作、纸服装制作、纸编、纸脸谱、幼儿园墙饰设计、玩教具制作、儿童手工以及综合类纸工等不同类型的纸艺。为了方便师生们理解与应用,教材中采用了许多教师与学生优秀的纸艺作品,展示了不同的制作技法与造型风格,系统地体现了学前纸艺教学体系与实践方法。

目录 Contents

第一章　纸艺、学前纸艺及其教育　　001
[经典作品赏析]　　001
第一节　纸艺概述　　002
第二节　学前纸艺与纸艺学习的基本要求　　005
第三节　手工纸艺作品欣赏与评价　　011

第二章　剪纸　　014
[经典作品赏析]　　014
第一节　剪纸概述　　015
第二节　民间剪纸　　018
第三节　立体纸雕　　025

第三章　折纸　　030
[经典作品赏析]　　030
第一节　折纸概述　　030
第二节　形象折纸　　032
第三节　组合折纸花球　　042
第四节　折纸游戏　　047

第四章　衍纸制作　　056
[经典作品赏析]　　056
第一节　衍纸概述　　056
第二节　衍纸装饰画　　058
第三节　衍纸小制作　　061

目录 Contents

第五章　**纸花 DIY**　　　　　　　　　　　　　　　065
　　　[经典作品赏析]　　　　　　　　　　　　　　065
　　　第一节　百合 DIY　　　　　　　　　　　　　065
　　　第二节　玫瑰 DIY　　　　　　　　　　　　　070
　　　第三节　康乃馨 DIY　　　　　　　　　　　　073
　　　第四节　向日葵 DIY　　　　　　　　　　　　076
　　　第五节　郁金香 DIY　　　　　　　　　　　　078
　　　第六节　雏菊 DIY　　　　　　　　　　　　　081

第六章　**纸服装制作**　　　　　　　　　　　　　　086
　　　[经典作品赏析]　　　　　　　　　　　　　　086
　　　第一节　纸服装概述　　　　　　　　　　　　086
　　　第二节　纸服装制作　　　　　　　　　　　　088

第七章　**综合纸工造型**　　　　　　　　　　　　　110
　　　[经典作品赏析]　　　　　　　　　　　　　　110
　　　第一节　纸贴画　　　　　　　　　　　　　　111
　　　第二节　幼儿园玩教具制作　　　　　　　　　117
　　　第三节　综合纸工　　　　　　　　　　　　　124

参考文献　　　　　　　　　　　　　　　　　　　132
后记　　　　　　　　　　　　　　　　　　　　　133

第一章

纸艺、学前纸艺及其教育

[经典作品赏析] 《元宵兔子灯》

"花萼楼门雨露新，长安城市太平人。龙衔火树千灯焰，鸡踏莲花万岁春。"这是唐代诗人张悦描写元宵节赏灯的诗句，非常形象地描绘了当时灯月交辉、游人赏灯、热闹非凡的场景。元宵节又称"上元节""春灯节"，是中国汉族民俗传统节日。元宵节习俗很多，最有趣的是闹花灯。花灯种类非常多，由纸或者绢作为灯笼的外皮，骨架通常使用竹或木条制作，中间放上蜡烛或者灯泡。有形象灯，如龙灯、虎灯、兔灯、莲花灯等，也有根据民间故事编制而成的活动灯，如牛郎织女、西游等人物灯，还有表现忠孝节义的民族精神的灯等等。各种花灯制作工巧，一展工匠的智慧和技能。

兔子灯、蟾蜍灯

元宵兔子灯

灯彩又叫"花灯"，是我国民间盛行的元宵游艺活动，已有近二千年历史。灯彩艺术源起于汉代，每年的农历正月十五元宵节前后，人们都挂起象征团圆意义的红灯笼，来营造一种喜庆的氛围。经过历代灯彩艺人的继承和发展，形成了丰富多彩的品种和高超的工艺水平。上图为灯彩艺人制作的不及巴掌大的兔子灯、蟾蜍灯。左图是秦淮灯彩①元宵兔子灯。兔子灯是民间很受小朋友欢迎的元宵花灯，一般用铁丝或竹子做骨架，外面裱糊白色纸或彩色纸，里面平稳地放上蜡烛，大的灯笼下面可以安装四个小轮子，用绳子拉拽着行走，小型的兔子灯可用木棍在灯笼上方系好，用手提着。用时要很小心，不能把蜡烛弄倒了，不然会烧坏心爱的灯笼。这些可爱的纸灯笼，是不是也触动了你内心深处的记忆呢。这些美好的传统纸艺，在发展，在与时俱进。

---

① 秦淮灯彩是指流传于南京地区的民俗文化活动，主要集中在每年春节至元宵节期间举行，是首批国家级非物质文化遗产。

第一节 纸艺概述

纸艺，广义上是指包括造纸艺术在内的所有与纸有关的工艺，狭义是指以各种纸为主要材料，通过剪、刻、撕、拼、卷、揉、折叠、编织、压印、粘贴等不同操作技法制作而成平面或者立体的手工艺品。纸艺起源于公元1世纪的中国，历史悠久，种类繁多。纸的发明，是中国人民对世界文化的一项巨大贡献，当纸被造出的那一刻，纸艺就伴随着人类文明的进步诞生了。

纸绳编织

组合折纸花球

折纸纸偶

纸的种类繁多，可塑性非常高，材料价廉易得，是极佳的美术创作材料。用纸制作的艺术作品类型很多，有姿态逼真的手工纸艺花、纸雕、纸模型、纸服装，质感突出的纸贴装饰画，还有优雅的衍纸、纸蕾丝以及淳朴、吉祥的剪纸，栩栩如生的各种折纸、纸扎（彩灯、风筝、欢门、戏曲人物纸扎）到实用纸玩具、纸家具、纸艺包装等等，不同的纸艺作品因所选用纸质的不同而别具风格。从民间艺人的乡土纸艺，到当代流行的时尚纸艺，源远流长，生生不息。同其他艺术形式一样，纸艺及其作品是人类在劳动过程中产生和发展的，随着时代的发展，纸艺作品逐渐成为世界艺术宝库中一颗璀璨的明珠。

纸艺的表现形式很多，就其中的剪纸来说，它是中国民间文化艺术的瑰宝，一直以来以质朴独特的风格延续发展，是我国传统节日的重要装饰形式。在全国各地都能见到剪纸，形成不同地方的风格流派，是百姓最喜闻乐见的艺术形式。中国十大传世名画之一、北宋风俗画家张择端的《清明上河图》，生动描绘了北宋汴京城市面貌和当时社会各阶层人民生活状况的风俗画，是北宋城市经济情况的珍贵写照。下

剪纸《清明上河图》

图为黑龙江幼儿师范高等专科学校教师王慧颖根据《清明上河图》创作的剪纸《清明上河图》长卷局部。

提起风筝，我们都不陌生，风筝包含着很多有趣的典故，却鲜为人知。近人徐柯在《清稗类钞》中曾说："风筝，纸鸢也，五代时，李业于宫中作纸鸢。"风筝是中国古代人们避邪的一种护身符，清明节有放风筝放晦气的习俗。相传风筝起源于春秋战国时期。传说鲁班制作的鸢，且飞三日而不落。汉朝以后，逐渐以纸代木，称为"纸鸢"。五代时，又在纸鸢上系竹哨，风吹竹哨，声如筝鸣，所以称"风筝"。明清时期，达到极盛。传统的中国风筝工艺包括"扎、糊、绘、放"四种技艺。纸风筝以细竹或木棍扎成骨架，再糊以耐用的纸制作而成。糊风筝所用的纸要求有韧性，薄而轻，透气量小，着色性好。传统中国风筝所使用的纸多半为手工制造的绵纸、皮纸、宣纸、高丽纸等，现代又有很多机制纸，都是做纸风筝的材料。一般风筝越小，用纸越薄，越轻柔。

龙头蜈蚣风筝　　　　　　　　纸风筝

纸艺中我们最熟悉的要数折纸了，从儿时起就开始折的纸飞机、千纸鹤等等，到现在折纸的花样越来越多，同我们生活息息相关的人物、动物、植物、生活用品、交通工具到神话传说中的吉祥物形象等，从简单到复杂，从神似到形似，比比皆是，美不胜收。

折纸炮舰　　　　　　　　折纸老鹰

纸类作品中最"抢眼"的就要数那些颜色鲜艳的纸艺花了。纸艺花有多种，一种是手工折纸花，根据折纸的基本技法，运用不同的折叠技巧，折叠成生动的花朵，展现几何的美感。还有一种是用皱纹纸、手揉纸、纸藤制成的比较仿真纸艺花。无论何种艺术形式，都能展现花朵栩栩如生的姿态。

纸花玉簪花　　　　　　　　折纸花龙胆花

纸雕是以卡纸为素材，使用刀具塑型的工艺艺术，结合了绘画及雕塑之美，并且较平面艺术多了立体发展的空间，产生了有趣的光影变化。通过切、剪、折、卷、叠、粘等技法，就可以创作出变化无穷的纸雕作品。生活中，纸雕广泛应用在了场景布置、装饰美化、广告招贴、贺卡等方面。

立体纸模型"金门大桥"

纸雕（德国）

纸贴装饰画是手工装饰画中重要的部分，运用不同纸张的特点，按着主题情景及构图的需要，制作成平面、立体或者半立体的装饰画面场景。同其他装饰画一样，造型简洁、概括，手法可以夸张变形，整体要求和谐统一，多用于墙壁环境布置。

纸贴画（袁欣指导）

纸贴画（袁欣指导）

纸服装造型设计制作，现今已经成为各本科高校、高职高专师生们特别喜爱的艺术形式，往往成为学校服装表演赛上一道靓丽的风景。选用的纸张从简单、素雅的单色纸到花纹丰富的花色纸，质感从柔软到结实耐用，尽显智慧与高超的手工技艺。课堂上，学生可以选用价格低廉的塑胶娃娃作模特，来设计制作纸服装。

纸服装（赵燕）

纸服装（李倩）

纸蕾丝是西班牙流传的一种工艺,又叫帕吉门,以前是在羊皮上制作的一种工艺,主要用来装饰教堂,现在衍变成在羊皮纸上制作,因其可以作出各种精致的蕾丝效果,所以又称纸蕾丝刺绣。19世纪开始在世界各地流行开来,成为时尚风气,因为羊皮纸纤维强韧,又有剔透之美的特质,而且塑造的技巧可以作成卡、书签、礼盒、装饰画、餐桌装饰、灯罩、立体花束等。

纸蕾丝

衍纸是流传于英国王室"贵族间的一种艺术"。彩色的细长纸条通过卷、搓、刮等方法呈现各种线条造型、几何块面等,常被运用于卡片以及包装装饰、装饰画、装饰品等,通过粘贴组合就会变化出各种工艺品。随着生活水平的不断提高,礼盒、生活用品等的包装越来越受到重视,形形色色的纸张也就成为了包装的主要材料之一。

衍纸(曹家毓指导)

衍纸(李金庭)

纸艺作品是一种绿色环保的工艺品,不管是作为创作、教学,还是休闲娱乐,都是一个极具发展潜力的科目,不仅可以在创作中锻炼自己,也能在休闲娱乐中提高自己。应用纸张的各种特点,可以制作出各种装饰物或工艺品,能尽显创意、提高审美及创造美的能力。在信息技术、科学文化、工业制造高速发展的今天,人们的生活水平在一天天地提高,人们对手工艺的喜爱也在一天天地增加。纸艺DIY让人感觉亲切、自然、环保。

老爷车(德国)

第二节 学前纸艺与纸艺学习的基本要求

手工纸艺是儿童美术教学中不可缺少的重要组成部分。学前纸艺是研究学前儿童纸艺手工的制作特点、造型规律、表现技巧和学前手工纸艺教育的一门学科。纸材料常见易得、环保,如今不同质感、性能的纸种类繁多，纸的手工制作随之发展起来，逐渐成为普通高等学校学前教育专业和幼儿师范学校学生的技能教育课程之一。

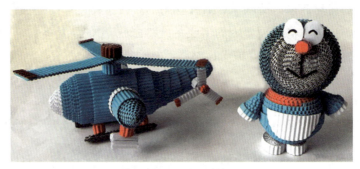

瓦楞纸造型（赵旭、薛泽蕊）

一、学前纸艺的学科特点

瓦楞纸造型（李金庭）

手工纸艺从属于美术学科，是具有独特的表现技法与造型特点的一门分支学科，是众多手工技能里面最广泛而有趣的一部分。它不仅具备美术学科的基本性质，更突出了造型选材自身优越性的发挥与利用，具体特点表现在以下三个方面。

1. 造型性

造型是内涵与外观呈现的结合体，是可视可感的直观形象，也是手工纸艺的显著特征之一。通过平面、立体、半立体的纸艺手工制作呈现给观者，观者通过物质的、具体的形象来感知作者所带来的情感、精神境界的触动与启发。

2. 趣味性

手工纸艺是一种造型艺术。取材广泛，所表现的内容均来源于生活。纸艺不仅是单纯技能课程，更兼具人文性特点，在广泛的文化情境中开展美术学习是当今美术教育的主要潮流，学前纸艺可以满足各阶段儿童年龄特点，寓教于乐，在快乐中学到知识，并且对儿童动作发展、认知发展有积极的促进作用，对帮助儿童了解我国悠久历史和博大精深的文化有积极意义。

小火车（李金庭）

3. 便捷性

纸在日常生活中很常见，学生可以随时随地取材，技法丰富多样，借助一些简单的工具，如剪刀、胶水等，在剪、贴、刻、画中发挥其想象力，发展其潜在的思维能力与创造能力。

二、学前纸艺的种类与造型规律

1. 学前纸艺的种类

学前纸艺的种类很多。按着不同的划分依据，大致有几下四种。

按纸造型所呈现的空间形态来划分的话，可分为平面纸艺和立体纸艺。平面纸艺有剪纸、撕纸、染纸、纸贴画等等，立体纸艺有折纸、纸雕、纸花、纸编、纸卷（衍纸）、娃娃衣、娃娃家以及废旧材料利用等等。

折纸人物

从材料种类来分，有纯纸质纸艺与综合材料之分。

折纸人物　　　　　　　彩色卡纸小制作

从社会功能来分有观赏性纸艺、装饰性纸艺与实用性纸艺。

从制作方式方法来分有手工纸艺与机制纸艺。

纸绳编织（郑子维）

2. 学前纸艺的造型规律

（1）构思与设计规律

构思与设计，是指手工制作前关于创作的形象、内容、结构、用途、材料的选择、完成后的效果等等思维活动，它将指导要进行的手工制作。一般过程如下：

首先，以制作用途为构思设计依据，是实用的、装饰的、教育启迪的，还是游戏的。

其次，确定作品的具体形象和表现手法，是夸张、变形还是写实，并从造型、结构、色彩等方面形成比较具体完善的内在加工形象。

最后，选择合适的纸材，运用适宜的制作方法，必要时结合一些安全、环保的废旧材料，如矿泉水瓶、旧纸箱等，制作步骤明确，大胆创新，创作要符合造型美的规律，增强发现美和创造美的能力。

青蛙角色（李金庭）

旧纸箱作品

（2）纸材选择规律

纸的种类很多，纸张的性能也是千变万化的，有软、硬、厚、薄、弹性、纹理、质感、色彩等区别，不同纸张都有不同的操作特点和独特的魅力，应根据作品的构思与设计，运用能够准确而充分表达形象的材料进行创作。例如，要制作立体纸雕，纸相对要硬些，一般选用180 g以上的彩色卡纸；制作服装、花朵的话，选择质感突出，颜色漂亮的纸，使作品贴近自然美的规律；制作立体的蔬菜、水果、玩偶等需要填充棉花时，可选择能缝制的海绵纸；为了增强视觉冲击力，制作立体交通工具时，可以选用彩色瓦楞纸。

纸脸谱（穆野指导）

（3）纸材加工规律

利用纸张的性能，要选择适当的工具。根据构思与设计，进行撕、折、拧、卷、剪、刻、画、拼贴、插接、编织、缝纫、粘贴等技法，最终达到理想的效果。不同的技法与不同的纸材相结合所展现的效果也不同。采用多种技法、多种纸材进行纸艺活动，不仅可以充分发挥学生的想象力、创造力，也可以培养学生积极发现美、欣赏美、创造美的能力。

海绵纸作品

三、学前纸艺制作常用工具和材料

1. 常用工具

相比其他手工类，纸艺的工具相对简易些，学前纸艺所用工具大多是日常生活中常用的。

① 剪。日常家用的剪刀即可，用于剪裁纸张。

② 刀。美工刀、刻刀，美工刀用来裁纸、剪切；刻刀用来雕刻图案。

③ 铅笔。画草图。

④ 尺。直尺即可，测量尺寸用。平时用 20 cm 左右即可。条件好的话可以准备长点的如 50 cm、60 cm 长度。

⑤ 胶。有手工白胶、固体胶、双面胶、泡沫胶、透明胶、胶棒，用于粘贴不同纸张。

⑥ 胶枪。一般用小型的胶枪即可，用于比较厚重的纸，例如立体三角插、瓦楞纸形象的粘贴，或者海绵纸造型等其他胶水粘不住的时候都能用到。

⑦ 针线。用于缝制海绵纸造型。

⑧ 其他。如圆规、橡皮、订书器、打孔器、硬塑板、锥子、镊子、切割垫板等。

打孔器、锤子、硬塑板

适宜地选择工具，是做好手工纸艺的前提，如果不能完善工具，是不容易完成一件精美的纸艺作品的。

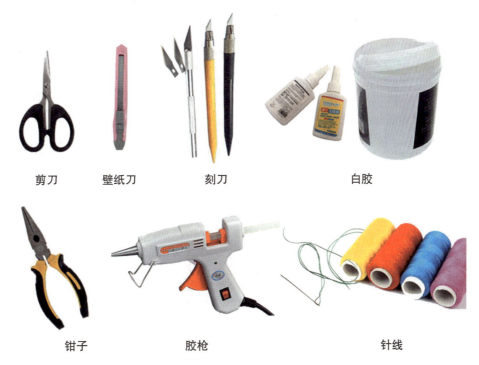

剪刀　　壁纸刀　　刻刀　　白胶

钳子　　胶枪　　针线

2. 常用材料

纸的种类繁多，只要合理，每种纸都可以应用于纸艺创作。根据制作的作品来选择纸材，是纸艺制作首先要考虑的。一般常用的纸有软、硬、薄、厚之分。

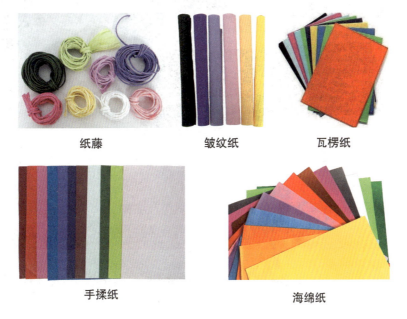

纸藤　　皱纹纸　　瓦楞纸

手揉纸　　海绵纸

稍薄、软些的有：手工折纸、彩色复印纸、海绵纸、皱纹纸、手揉纸、纸藤、各种包装纸、绵纸、牛皮纸、彩色油纸、花瓣纸、宣纸、旧画报、旧报纸等。

硬些的纸有：彩色卡纸、瓦楞纸、珠光纸、吹塑纸、道林纸等。

笔筒（鞠兴宇）　　　　笔筒（赵旭）

除了各种纸材之外，生活中用旧的纸杯、纸箱、人的矿泉水瓶、结实的饮料瓶，都可以成为作品的辅助道具。例如，做笔筒的时候，用中号的矿泉水瓶、大号饮料瓶盖，纸材选择颜色鲜艳、手感柔软的海绵纸，加上可爱的手工缝制的黑色线，制成小黄人笔筒。海绵宝宝笔筒是用旧的小型快递纸箱经过修补、粘贴，眼睛部分用胶枪粘贴两个瓶盖，然后用海绵纸进行外观形象处理。大型旧纸箱在制作幼儿园钻爬类玩教具的时候会用到。用心观察，勤动手，敢于创新，精心制作，完成的作品就会与众不同。

四、学前纸艺学习的基本要求

手工纸艺的种类很多，内容、形式丰富多彩，并且不断被挖掘、创新。在有限的时间内学习者不可能掌握如此丰富的手工内容，而要有目的地进行学习，掌握实用、常用的纸艺知识，灵活运用。美术这个大家庭，各门技艺都是融会贯通、紧密联系的，要求学习者不要局限于教材，而要广泛地涉猎相关知识，收集相关资料，具备教一学十、触类旁通、举一反三的学习与创作能力。不断提高动手能力、审美能力和创造美的能力，最终将所学知识、技能灵活运用到生活美化、环境创设与教育实践中去。

暴龙骨架（吉野）　　　　花瓶

学习纸艺手工，对一般学前教育专业的学生，有以下几点要求。

一是认真学习纸艺相关基础知识和技能，熟练掌握制作方法和工具材料的应用。

二是能够独立进行纸艺造型的设计与创作，并能应用于学前儿童手工教育，或者环境创设实践活动。

三是能够正确组织和引导幼儿开展适宜的纸艺活动。

四是能够将所学知识、技能，与民族文化相结合；联系实际，汲取优秀纸艺精髓并能运用于造型实践与教育实践。

五是能够正确分析与评价学前儿童手工操作行为及其作品。

瓦楞纸小制作

立体纸模"消防车"

除以上要求外，还要注重实践中经验的总结和积累，汲取传统纸艺作品中的精髓和现代美术思潮中的新思想、新方法，不断提高职业技能与创作能力。

第三节　手工纸艺作品欣赏与评价

纸艺盛行于民间，蕴含浓厚的民族文化。随着社会的不断发展，手工纸艺因其经济适用、美观、便捷、环保，成为各个学校手工课不可缺少的课程，并且纸艺的形式、种类越来越多，经常会有让人爱不释手、喜闻乐见的作品及展览出现，为时尚美的元素增添光彩。同其他艺术作品的欣赏与评价一样，纸艺的欣赏与评价同样带有强烈的主观色彩。评价的标准因个人的好恶、艺术修养、审美观、价值观的不同而有所区别。一般来说，作品内容与形式要统一，表现的内容要健康向上，为观者带来启迪与美的享受。主要从以下四个方面来判断：

海狮（赵旭）

藕、大蒜（鞠兴宇）

萝卜

第一，经济适用。要注意材料加工的经济性，在选材上，合理利用，物美价廉，以最小的物质消耗获取最大的成效。制成的作品具有实用性，有一定的使用功能。例如，用海绵纸缝制的蔬果玩教具，里面放入填充棉，造型美观，成本低；各种瓦楞纸造型和指偶等也经济实用。

瓦楞纸作品

第二，美观。造型表现具有艺术感染力，形象的塑造符合形式美的规律。例如，传统剪纸中稚拙的刀法和物象的变形处理方法就具有极强的艺术表现性和感染力。幼儿园在制作游戏用玩教具的时候，运用动物的拟人化形式就符合幼儿的观赏心理，也符合形式美的一般规律。对于纸艺作品而言，形式美的表现多种多样，如造型美、材料美、色彩美、结构美、自然美、装饰美等，优秀的作品是形式美与内在美的有机统一。

第三，科学。内容表现某些科学知识或者具有科学性的表现技巧，具有一定的教育启迪作用，促进学生动手、动脑的好习惯。例如，用瓦楞纸制作的航天火箭，运用瓦楞纸色彩鲜艳，立体感强的特点，制作了航天火箭的纸模型，来展示我国航天事业的发展和成就；国外立体纸模《梨》，运用有规律的造型、完美的插接，组合成梨的形象，表现了作者的奇思妙想。不展示时，可放扁成片状，方便保存。

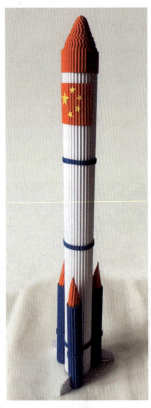

瓦楞纸飞机

瓦楞纸"航天火箭"　　立体纸模型

第四,创新。作品新颖、独特,具有创造性。善于突破旧的程式,取长补短,获得最佳效果。

思考与实践

1. 结合实际谈谈你对手工纸艺的理解与认识。
2. 纸艺的种类、基本造型规律、学习要求有哪些?
3. 如何欣赏评价纸艺作品?
4. 尝试做一件手工纸艺作品,并谈谈你的想法。

第二章

剪　纸

[经典作品赏析] 《山西民俗剪纸》

　　这六幅来自于山西广灵的剪纸作品，形象美妙、生动，展现了我国民间剪纸艺术的魅力。作为中国民间剪纸主要流派之一的广灵剪纸，以其鲜艳的色彩、生动的造型、纤细的线条、传神的表现力和细腻的刀法独树一帜、自成一派，被誉为"中华民间艺术一绝"。

第一节 剪纸概述

剪纸（又叫刻纸）是我国最古老的民间艺术之一，是一种比较典型的平面镂花艺术，通过剪、刻的形式，创造出精美的图案，表达人们对美好生活的追求和向往。在视觉上给人以透空的感觉和艺术享受。剪纸的载体可以是纸张、金银箔、树皮、树叶、布、皮革等。2006年5月20日，剪纸艺术经国务院批准列入《第一批国家级非物质文化遗产名录》。

蔚县剪纸"京剧脸谱"

山西剪纸

剪纸"青花瓷"

剪纸有着自己的发展历程，存在着各种流派和风格特点，有自己的艺术语言和表现方式。无论朴实优美、散发浓郁乡土气息的彩色剪纸，还是线条婉转流畅、精美纤巧的单色、套色剪纸，那种浓郁的民间传统风格都是其他艺术形式难以比拟的。随着时代的发展，剪纸艺术不断创新和提高，充满了勃勃生机，逐渐走向世界艺术殿堂。

对猴团花（北朝）

对马团花（北朝）

菩萨立像（唐代）

一、剪纸的历史及地域特色

剪纸历史悠久，《史记》中曾记载西周初期"剪桐封弟"的故事。战国时期已有用皮革、银箔镂花，其制作工艺与剪纸同出一辙，它们的出现都为剪纸奠定了基础。我国发现最早的剪纸是1959年新疆吐鲁番出土的五张北朝时期的团花剪纸，为我国剪纸的历史研究提供了实物佐证。唐代剪纸已处于大发展时期，以剪纸招魂的风俗当时就已流传民间。唐代段成式所著《酉阳杂俎》中也有"剪纸为小幡"的记载。《菩萨立像》水墨画镂空剪纸，是剪纸与绘画相结合的作品。宋代是造纸业成熟时期，纸张种类繁多，促进了剪纸艺术的

鸭子戏莲（清代）

发展，出现了剪纸艺人和出售剪纸花样的店铺，到了明、清时期剪纸走向成熟，并达到鼎盛时期。民间剪纸的应用范围更为广泛，民间灯彩上的花饰，扇面上的纹饰，以及家具等等，无一不是利用剪纸作为装饰或再加工的。中国民间剪纸艺术，以它特有的普及、实用、审美成了符合民众心理需要的艺术形式。

作为民间艺术的剪纸，具有很强的地域性，呈现出"北犷南秀"的特点，北方的剪纸比较粗犷，南方的剪纸讲究玲珑剔透。其中陕西剪纸粗犷奔放，山东、山西剪纸，淳朴稳重；广东剪纸，善用金银箔做"铜衬料"；江苏剪纸，剪工精细；浙江剪纸，以边饰图案服饰花为主；福建剪纸，形态自然。

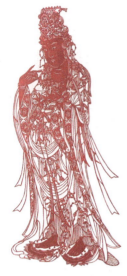

广灵剪纸"观音"

二、剪纸的特色

正所谓："千剪不断，万剪不乱。"剪纸造型富于想象、夸张，装饰手法更随意，洋溢着浓厚的浪漫气息和装饰性。剪纸多采用谐音、象征及寓意的表现手法，将物象组合连接在一起，构成寓意丰富、美好的图案。

吉祥如意　　　　　　鹿鹤同春　　　　　　鹰踏兔

人们祈求丰衣足食、人丁兴旺、健康长寿、万事如意，这种朴素的愿望，便借托剪纸传达出来。剪纸的内容很多，寓意很广，企望吉祥避邪。娃娃、葫芦、石榴、莲花等图案象征多子，中国人认为多子便会多福；牡丹象征着富贵，鸡和象在一起象征着吉祥，家禽家畜和瓜果鱼虫等因与农民生活息息相关，也是剪纸表现的重要内容。民间剪纸《鹿鹤同春》是民间传统的主题纹样，鹿鹤同春是春天和生命的象征，鹿与禄同音，鹤又被视为长寿的大鸟，因此鹿与鹤在一起又有福禄长寿之意；《鹰踏兔》是民间洞房的喜花之一，在民间流传极广，鹰踏兔暗喻男女情爱，反映了生殖崇拜的主题。通过剪纸，人们虚构了美好的形象，突出人征服自然的伟大创造力，以期建立自己的理想世界，并肯定人的力量，鼓舞人们继续奋斗的勇气。

三、传统剪纸需要准备的工具

传统剪纸需要准备的工具有：① 剪刀；② 刻刀；③ 铅笔；④ 橡皮；⑤ 纸张（单色剪纸一般选用大红纸、宣纸、颜色丰富的蜡光纸）；⑥ 蜡盘（用石蜡和蜂蜜配比精制而成，保护刀具，可使用多年，也可用软木板、硬胶垫代替）；⑦ 订书器。

四、剪纸的表现形式

1. 阳刻

以线为主,把造型的线留住,其他部分剪去,并且线线相连,还要把形留住,形以外的剪去,称为正形。

2. 阴刻

以块为主,把图形的线剪去,线线相断,并且把形剪空,称为负形。

3. 阴阳刻

阳刻与阴刻的结合。

阳刻　　　　　　　　阴刻

五、剪纸的基本装饰图纹、符号

月牙纹:是一种弯曲的宽窄、刚柔、长短不一的呈现月牙形的纹样,一般都是阴刻,通常用来表现柔软、弯曲的线条,如衣纹、叶纹、水纹等。

锯齿纹:通常用来表现坚硬、刺状或绒毛之类的物体。剪时一正一斜地剪,注意根尖之间距离相等,如果在外部就随着外形剪。

鱼鳞纹:通常用来表现鱼鳞或类似的东西。

云纹:通常用来表现云彩或水浪等事物。一般分为行云、朵云、团云等,行云是朵云、团云被风吹动后产生,云头绵卷,云尾飘动;朵云是比较静的云,团云是朵云、行云的综合形状。

漩涡纹:通常用来表现动物皮毛上的漩涡,具有一定的装饰性。

朵花纹:是一种图案式的小花头,通常为梅花、桃花、菊花等图案。大一点的可用多层花瓣加以表现,小一点的可三瓣五瓣,多用于服饰和动物身上,或环境花草及固定的器物图案上的点缀,是塑造形象不可缺少的纹样。

月牙纹　　　　　锯齿纹　　　　　鱼鳞纹

云纹　　　　　旋涡纹　　　　　朵花纹

具有各种图纹的剪纸作品

六、剪纸的现代应用

传统剪纸大多是依附于民俗活动而存在的，基本都是作为窗花、礼花、刺绣花使用。随着社会的发展，剪纸的应用越来越广泛，范围也扩展到插画、邮票、动漫、舞美、服装、家居用品、产品包装、广告传媒、环艺设计等方面，在我们的生活中散发着无穷的魅力。剪纸不仅仅限于生活的实用性，还登上了高雅的艺术殿堂，并被人们广为收藏。作为礼品馈赠亲朋好友，也是国际上进行文化艺术交流的重要内容之一。国家成立了中国剪纸研究会，经常举办全国剪纸艺术展及文化交流活动。近年来，许多剪纸艺术家应邀到国外讲学，传播交流剪纸艺术，弘扬了中华民族文化的深厚底蕴。剪纸艺术不仅表现在平面设计上，如今还应用到立体和空间的设计上，满足现代人更高的审美观念和精神需求，推动了剪纸艺术的发展和传承。

第二节 民间剪纸

一、单独纹样剪纸

单独纹样剪纸应用比较普遍，这种构图适合剪单个花草、动物、人物等。一般讲究平衡匀称、主题突出、外形完整，给人以稳妥、静中有动的感觉。

制作步骤：

（1）画草图。

（2）用剪纸的语言进行整理（身体可以用花朵纹装饰，为了增添动感，作者选用尖角形表现刺猬的特征），然后用订书器订到准备好的纸上。

（3）剪刻，整理完成。

以海洋动物为例，在刻制的时候要抓住它们的特点，也可以在身体上添加一些花纹，让它们更漂亮。

在表现各种形象时，无论是动物还是植物，既可以按其实际形象描绘，也可以通过概括、变形等方法进行装饰，以取得较好的效果。

提炼生活中常见的场景,使作品体现一种贴近生活的朝气与活力。也可以运用诗歌、成语、典故以及有诗意的画面进行剪纸创作,使作品富有雅趣。

二、折叠剪纸

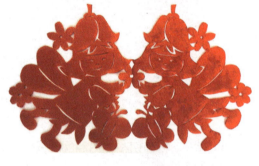

折叠剪纸是剪纸中最常用的一种剪刻方法,通过不同方式的折叠剪制而成。

1. 对折剪纸

将结构对称的形体灵活地表现出来,非对称的内容也可以通过对折样式让内容更丰富。

2. 二方连续剪纸

二方连续剪纸又称花边剪纸,是对折基础上的上下或左右延伸,上下连续称为"纵式",左右连续称为"横式"。制作方法:① 将一张长条形彩纸,从一头开始折叠。② 折好后用铅笔画上图案,注意两端的连接。③ 剪下展开即可。

3. 四方连续剪纸

是由一个纹样或几个纹样组成一个单位，向四周重复地连续和延伸，将一张正方形或长方形的纸进行反复多层折叠，成为小的正方形或长方形，再画上图案进行剪刻，展开后就是上下左右连续的四方连续纹样。

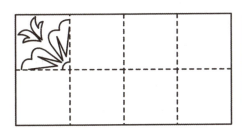

4. 团花剪纸

团花剪纸的制作步骤：折——画——剪。

常见的几种折法：

① 三瓣花折法：

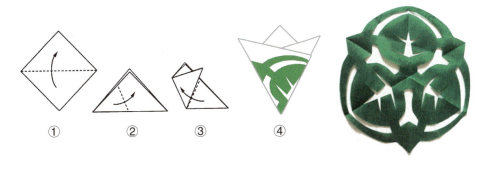

021

② 四瓣花折法：

③ 五瓣花折法：

④ 六瓣花折法：

三瓣花图例　　　　　　　三瓣花图例

四瓣花图例　　　　　　　五瓣花图例

三、彩色剪纸

随着剪纸表现形式的不断探索和发展，彩色剪纸的技法逐渐增多，有分色、套色、染色、填色、木印、喷绘等等，各有独特之处。下面分别介绍以下三种。

1. 分色剪纸

分色剪纸有的也称为剪贴剪纸。是两种或两种以上单色剪纸的组合拼贴。方法多是把所需的彩纸叠在一起，按画稿剪刻出来，根据构图与分色的需要重新组合画面，色彩不能过多，二三种为宜，另一种分成主纹和底纹，两者交错重叠，底纹一般起到衬托作用。

方法步骤：① 根据画稿，选择不同彩纸用订书器订好。② 剪刻出各部分。③ 用胶棒按原图组合粘贴成完整画面。

①

②

③

2. 套色剪纸

在完成的单色剪纸背面镂空处，根据画面需要粘贴不同的彩纸来衬托空白部分，称为套色剪纸。主稿刻好后，将其正面放在所需彩纸的背面，用铅笔把需要套色的形状勾画下来，剪好，正面朝下，准确地套贴到主稿的背面。局部套色要少而精，起到画龙点睛的作用。不论全部套色或局部套色，都应顾及整个画面的美观谐调。

方法步骤：① 设计主稿。② 镂空纹样。③ 需要套色的部分用相应彩纸剪出形状。④ 开始套色（用胶棒粘到主图的后面），注意装饰效果。

3. 染色剪纸

也称点色剪纸，主要流行于山西广灵和河北蔚县等地，多用生宣纸或连史纸。做法是先用生宣纸刻出主稿，再用颜色点染。点染剪纸所用颜色，一般是民间染布用的品红、品绿等，统称"品色"。纸薄易洇染时，以品色加白酒调和，渗透性强，一次能染二三十张。运用点染、涂染、晕染、套染、渲染等技法染成。颜色可用透明水色，也可用水彩颜料或者国画颜料代替，染色时要等一种颜色干后再染其他颜色。

点染时，一支毛笔蘸一种色，配色原理与水彩、水粉画调色相同。黄、蓝相混呈绿色，红蓝相融成紫色等。其特点是用色明艳，层次丰富，有强烈的民族特色。

制作方法：① 用铅笔画草图。② 用剪纸的语言整理，用白色宣纸剪刻好。③ 上色。一种色干后再上另一种色。④ 完成。

第三节 立体纸雕

立体纸雕是用剪切、折叠、组合、粘贴等手段,使平面的纸张呈现三维立体空间的造型、装饰的艺术效果。

工具材料:(180～230g)卡纸、铝合金尺、铁笔、刻刀、剪刀、垫板(A4、A3)、打孔器(用塑胶垫板)、锤子、订书器。

纸雕工具　　　　　　　　　　　　　图纸符号

―――― 切线
……… 短虚线(凸折线)
-------- 长虚线(凹折线)

方法步骤:① 绘制平面效果图,标明剪切线、纸雕工具和折纸的位置。② 按着设计图样剪刻、折叠。③ 加工整理。

注意事项:卡纸折叠前,要借助格尺,用铁笔(可用壁纸刀背代替)沿着折线划出印痕,再折叠。

一、纸雕贺卡

1.贺卡《向日葵》(90°角)

① 将画好(或者复印好)的图纸,用订书器订在选好的(180g)卡纸上。

② 按着切线,剪刻。

③ 按着折线,用铁笔划好折线。

④ 按着折线方向折叠整理,完成。

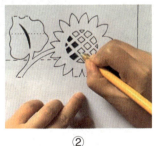
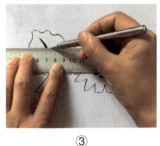
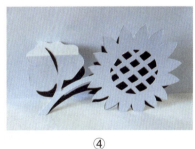

①　　　　　　　②　　　　　　　③　　　　　　　④

2.贺卡《天鹅》(180°角水平)

① 将图纸订在准备好180g卡纸上。

② 按切线剪刻好,用铁笔划好折线。

③ 将一只天鹅头内侧涂少许手工白胶。

④ 将两片图型插接到一起。

⑤ 将头顶部粘好。

⑥ 再准备一张 180 g 卡纸做封面，按着天鹅底座长、宽剪好，在中间用铁笔划好折线。

⑦ 天鹅底座下面四周涂少许手工白胶，对齐封面粘好，完成。

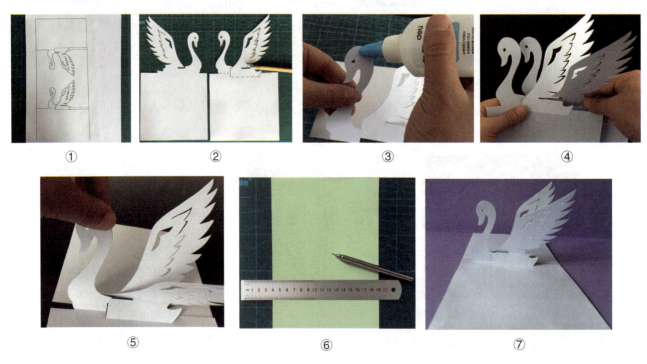

3. 贺卡《小指挥家》（90°角前置式）

① 设计贺卡剪切图纸。

② 画主体形象的草图。

③ 将贺卡按着切线、折纸剪切好。剪一张同样大小的卡纸作封面，将主体形象用彩色卡纸分别剪、粘贴好。

④ 主体形象腿部粘贴到背景卡纸的突起处，使之展开能站立。

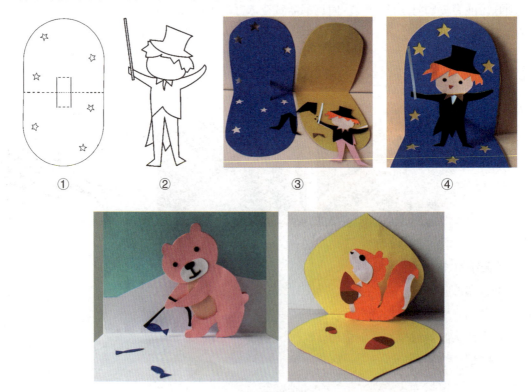

纸雕贺卡图例

二、立体纸模型

立体纸模型是立体的纸艺造型，题材很广，有宏伟的建筑、交通工具、人物、动物等等，都可以用纸的形式生动地展现。

1. 经典作品《摩天轮》

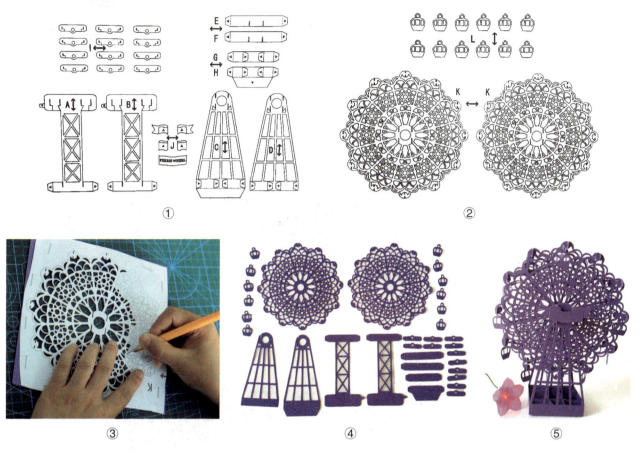

2. 其他立体纸模型作品

帆船

南瓜马车

动物

地铁

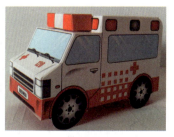

救护车

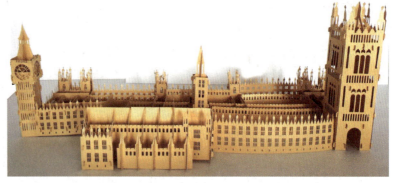

威斯敏斯特宫

埃菲尔铁塔　　　　巴黎圣母院　　　　凯旋门

动物　　　　　　　　动物

三、纸灯箱

纸灯箱是指将光影效果与剪纸艺术完美结合的艺术，又被称为光影纸雕。美国的一对印度籍夫妇，曾利用多层水彩纸剪刻成精美纸雕图案，通过 LED 灯条的映照叠加成一个神奇、梦幻的空间，展现童话般的美妙世界。这种艺术形式逐渐受到广大纸艺爱好者的喜爱，题材也变得多种多样，呈现了众多充满丰沛创造力与奇幻风格的作品。纸灯箱的材料是：纸，一般用 160 g 的画刊纸、道林纸等，透明度较好，有一定的支撑力，常用米白色；亚克力玻璃；LED 灯条。

以下为图例《鹿》：

① 将设计好的图纸，分别剪刻好。

② 在图纸的反面，沿着图案外缘，用胶粘上 4mm 宽，3mm 厚的木条或 KT 板条。

③ 一层层粘好，最后一层不粘。

④ 装框，粘贴 LED 灯带电路开关（一般用 5 V）。

⑤ 开灯效果。（此作品用两条灯带。）

思考与实践

1. 临摹不同形式、风格的剪纸作品，并能运用剪纸技能装点学习、生活空间。
2. 进行染色剪纸的练习。
3. 根据不同节假日、主题，制作纸雕贺卡。
4. 制作立体纸雕作品。
5. 根据童话故事或者某一儿童文学作品，设计制作一个纸灯箱。

第三章

折 纸

[经典作品赏析] 《猪》《猿》

　　猪是我们比较喜欢的动物，下图形象是昆汀的作品，一张普通的纸，神奇地表现了憨态可掬、悠然自得的小猪形象，让人过目不忘，爱不释手。

　　作品《猿》的作者是日本小松英夫，日本折纸学会会员。设计制作了许多动物造型，代表作有马和狮子等，他的折纸步骤图清晰易懂，很适合初学者。日本的猿猴模样调皮、可爱，冬天喜欢泡温泉，吸引了成千上万的游客驻足观望。小松英夫生动再现了猿猴的形象特点，四肢有力，身材灵活、健美，头和臀部形象地显露出纸的红色的部分，表现出作者高超的折纸技巧，让人赞叹。

第一节　折纸概述

　　折纸是一种以纸张折成各种不同形状的艺术活动，同剪纸一样，是我国民间传统艺术品种之一。因为纸材料随处可见，制作简单有趣而广为流传。折纸起源于中国，随着社会的不断发展，在世界各国得到空前的发展，尤其以日本折纸发展最为突出，日本视折纸为他们的国粹之一，是全国小学必修科目。他们认为除了可保存固有的文化外，通过折纸可启发儿童的创造力和逻辑思维，更可促进手脑的协调。

　　折纸是我们最熟悉的一种纸艺形式，童年开始折的衣服、裤子、纸飞机、千纸鹤等，到现在折纸的花样越来越多，有花卉、礼盒、玩偶、纸球花、游戏、粘帖画等等，制作起来都美轮美奂、巧夺天工。

第三章 折　纸

折纸是儿童非常喜欢的手工项目，如今，它不仅只是小朋友的玩具，也成了老少皆宜的手工活动，普遍受到人们的喜爱。在繁忙的学习、工作之余，折一折自己喜爱的形象，让烦燥的心安静下来，更好地投入到生活、工作当中，又何尝不是一件有趣的事情。

手工折纸的材料质地、颜色种类繁多，大多数是正方形纸，有一面白色，另一面带颜色和正反面相同颜色的单色手工纸；也有正反面不同颜色的双色手工纸；还有带图案、花纹的手工纸，以及各种各样的彩色纸，制作时可根据自己的喜好来选择。

折纸的种类很多，这里简单归纳为形象类折纸和游戏类折纸。折纸有几种基本折法，只有掌握了这几种基本折法，才能更好地学习、创作。

基本折法：①对边折；②对角折；③两边向中心折；④向心折；⑤集中一角折；⑥双三角形；⑦双正方形；⑧单菱形；⑨双菱形。

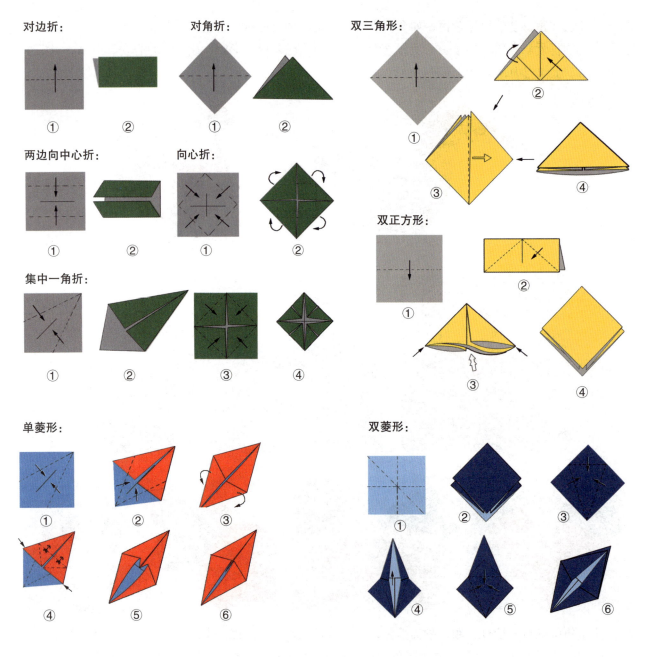

第二节 形象折纸

平时我们学习的一般是比较简单的儿童折纸和稍复杂些的折纸,是运用所学的基本折法,结合各种五彩缤纷的手工折纸材料,折出具有几何感的丰富形象,有动物、人物、花草蔬果、交通工具、家居物品类等等,种类繁多,形象丰富多样,可见人们对折纸的喜爱。还有一种是专业折纸,运用专用的折纸工具,如折纸刀、镊子、白胶,白色、黄色牛皮纸,彩色油纸等等,通过折叠、塑形,完成一个个精美的艺术形象。在这里我们不多介绍,有喜欢的同学可以在此基础上,再进行学习、实践。

螳螂（越南）

独角兽（乌拉圭艺术家 Roman Diaz 作品）

一、折纸实践

1. 组合大象

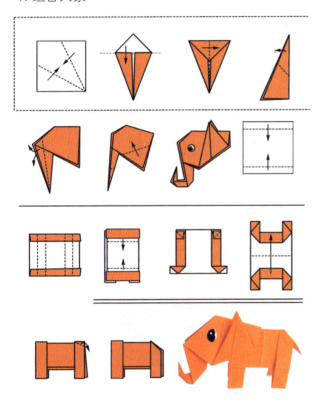

2. 小鸟

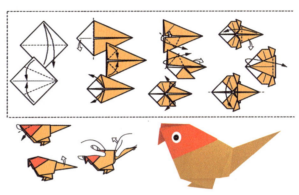

3. 菜青虫

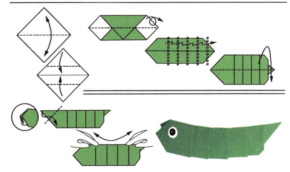

4. 鸳鸯

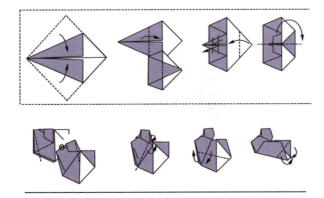

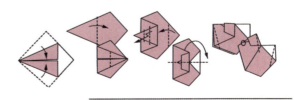

5. 有趣的小盒子

抽屉盒：

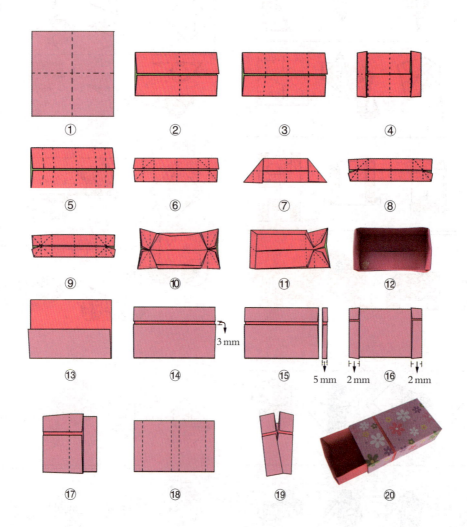

花朵形盒子：

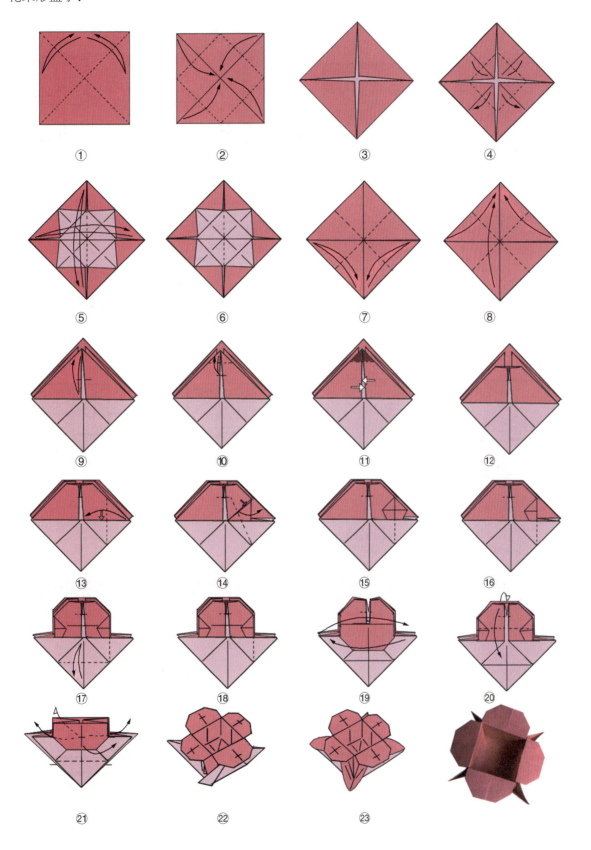

熊猫糖果盒：
① 熊猫头

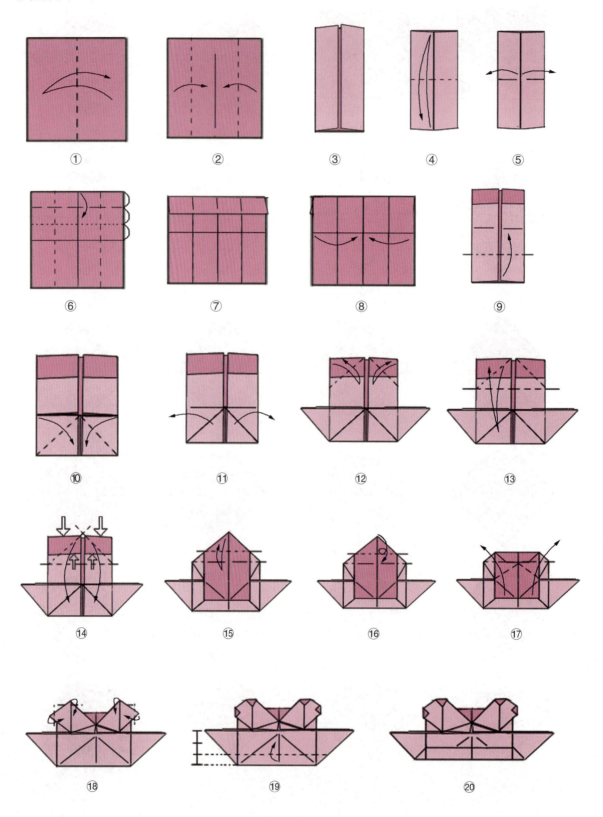

② 熊猫身体

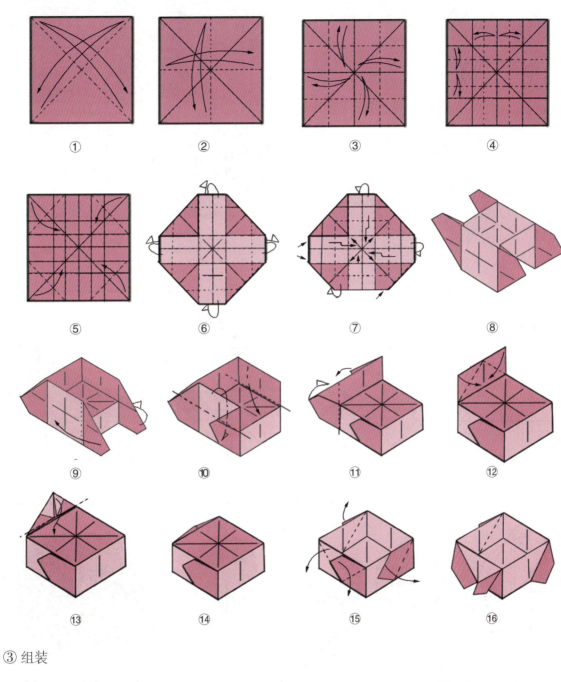

③ 组装

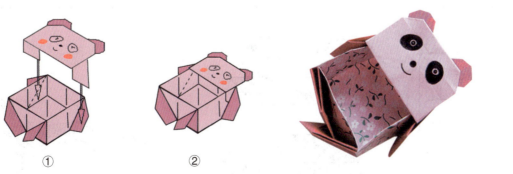

6. 娃娃家

茶杯、茶几：

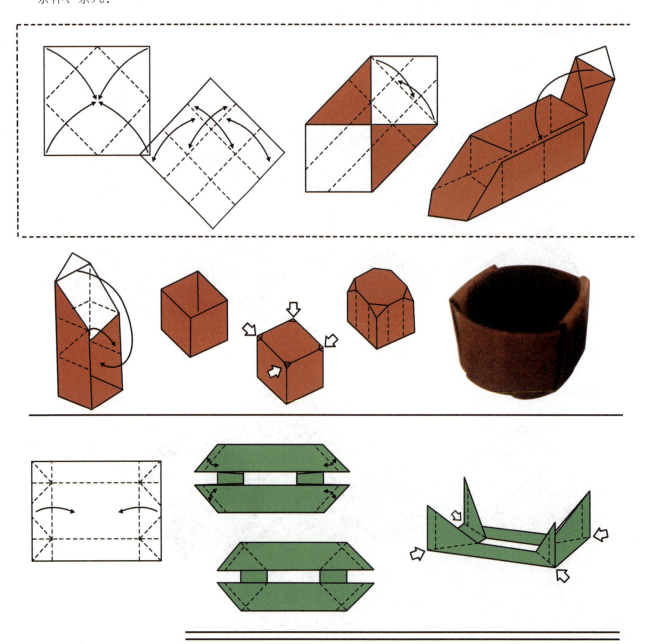

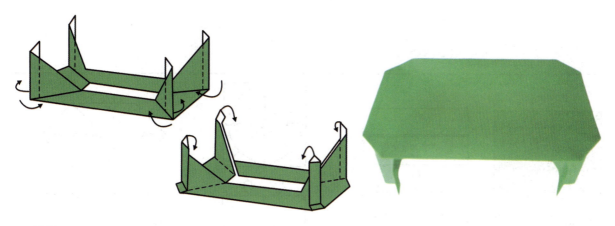

椅子：

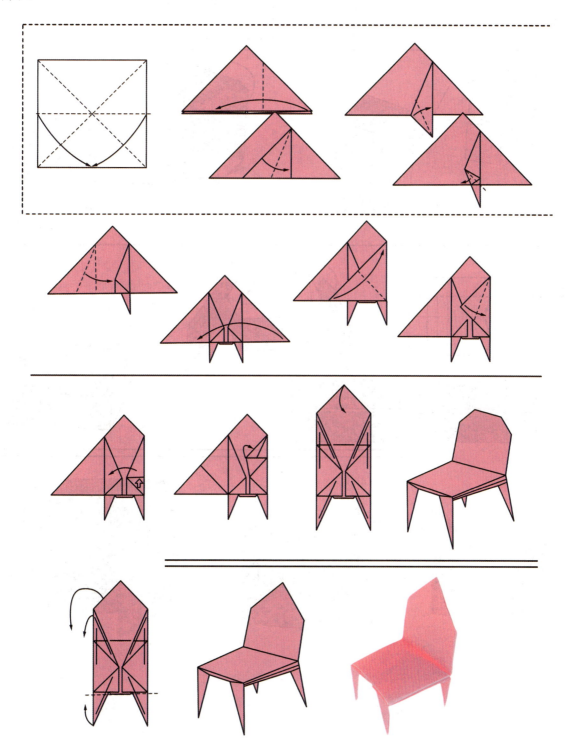

柜子：

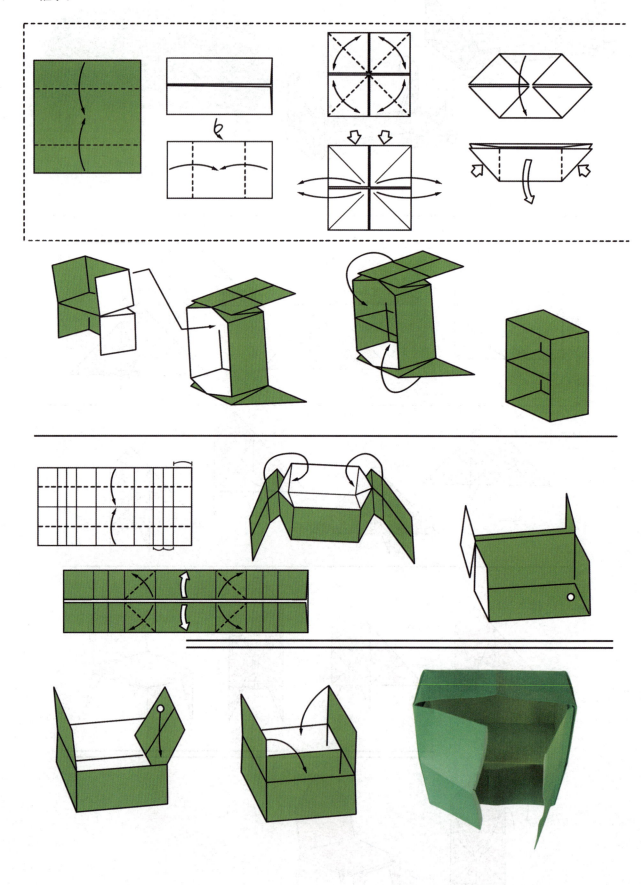

书、书架、箱形椅子：

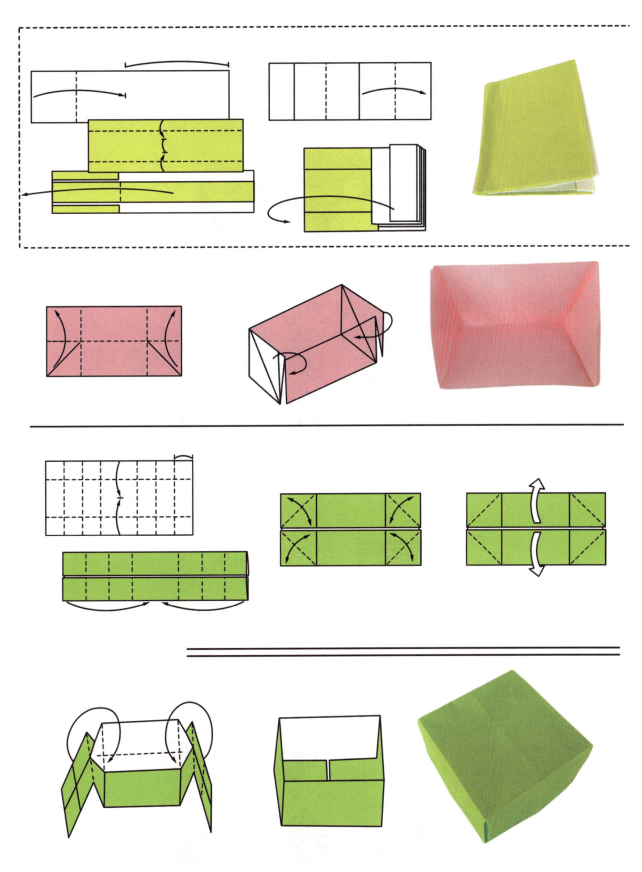

二、折纸粘贴画

以折出的折纸形象为主体，结合彩色卡纸或其他综合材料，做小幅装饰画，也是很雅致、别有韵味的。

工具材料：手工折纸、彩色卡纸、剪刀、双面胶、胶水。

方法步骤：① 完成一个折纸形象。② 通过折纸形象，进行构思，设计小的环境图。③ 剪裁、制作。④ 粘贴。

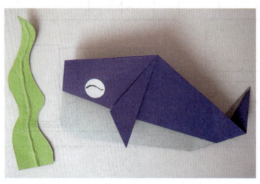

 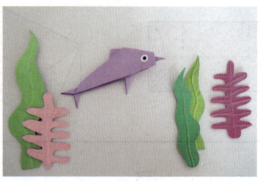

第三节　组合折纸花球

工具材料：各色手工纸、彩色复印纸、包装纸、彩色卡纸、手工白胶、剪刀、裁纸刀、直尺、中国结线绳、毛衣针、珠子、打火机。以下为作品举例。

一、小草莓花球

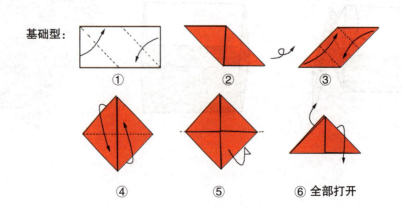

纸张大小：正方形折纸的一半，红色30张，花色30张。

① 红色纸折基础形。

② 红色碎花纸折面料，将面料与基础形组成一个组件，共30个组件。

③ 将三个组件，插接到一起，形成一个尖角，再拿三个组件，分别插到已组合好的图形上。

④ 再将上面两个扇形位置同样组合好。

⑤ 三个小草莓连接的地方，再分别插接到一起，花球便立体了。

⑥ 按这样的方法组合，大约在剩4、5个组件的时候，可以串绳。

⑦ 剪一段中国结玉线，折成双股，用毛衣针穿引。

⑧ 穿过花球中心的两边。

⑨ 将剩余组件组合好。

⑩ 用6个组件再组合成一个小花球，串到大花球的下面，增强立体感。

⑪ 再配上好看的珠子、中国结、流苏。一个漂亮的小草莓花球便可以悬挂了。

面料：

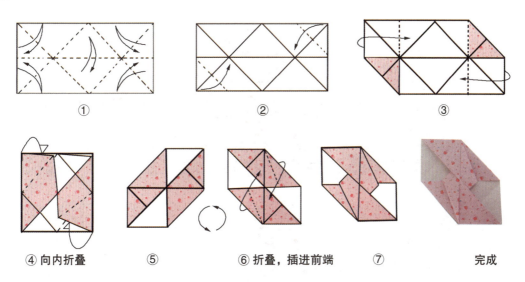

组装"基础型"和"面料"：

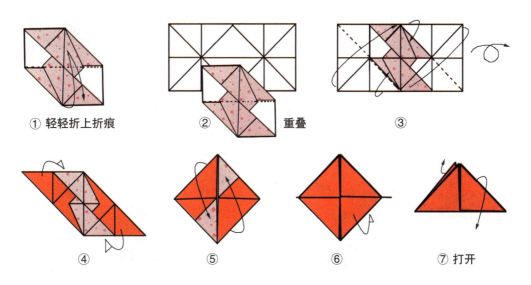

⑧ 　　　　　完成

提示：为了牢固，插接的地方可以涂些手工白胶。用6个组件再组合一个小花球，串到大花球的下面，增强立体感。可以练习编中国结，图中，盘长结为学生自己编制。

二、玫瑰花球

纸张尺寸:花朵:3英寸=7.62 cm,叶子:4英寸=10.16 cm,同学们可根据自己的需要按比例变化纸张尺寸。

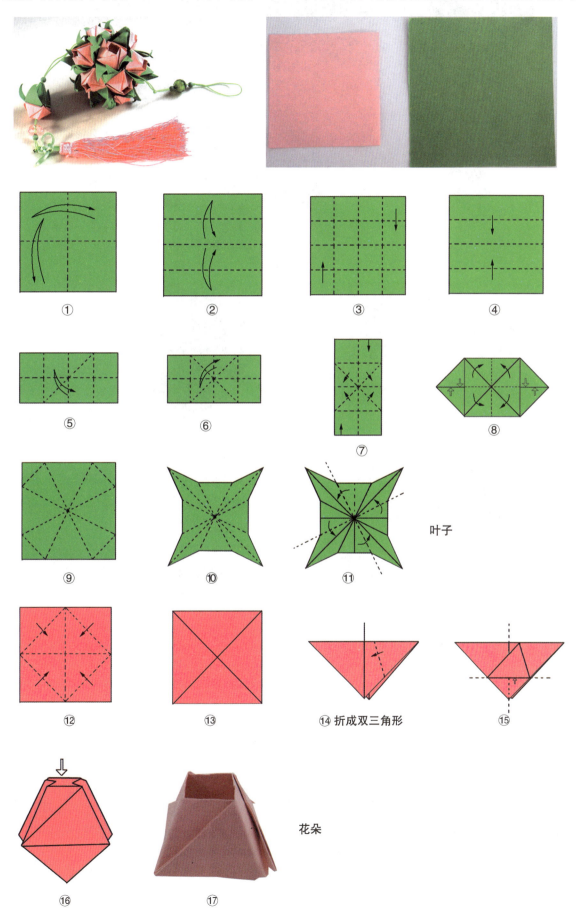

 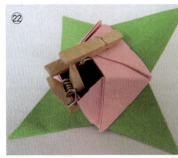

⑱ 将右侧折出的角涂上手工白胶，塞到左侧菱形的下面粘好

⑲ 用小夹子（2.5cm）夹上，等胶干后拿下

⑳ 叶子内侧的四个尖角上面，涂上手工白胶

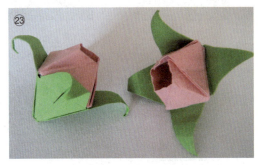 

㉑ 分别插入花朵下面的四个夹层中

㉒ 同样用小夹子夹好，等胶干后拿下

㉓ 外面四个尖角用牙签稍卷一下，一个玫瑰组件就完成啦（共需14个）

㉔ 取六个组件分别一个、一个粘在一起

㉕ 上面粘一个组件，下面相同方法再一个一个粘好组件就完成了

五、风车花球

提示：花球的组合方法是一样的，参照上面小草莓花球的组合方法。

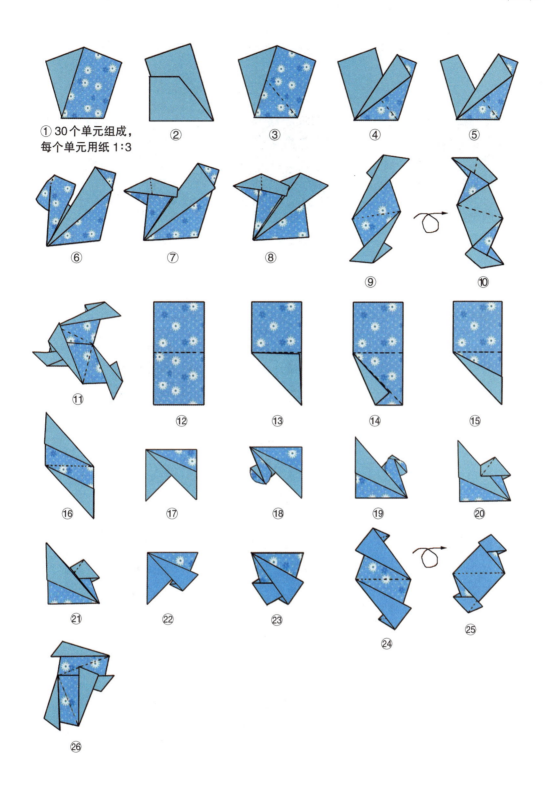

① 30个单元组成，每个单元用纸1:3

第四节　折 纸 游 戏

说起折纸游戏，我们立刻会想到照相机、东西南北、会翻跟头的马、叼东西的乌鸦等一些我们小时候经常会玩的游戏，甚至到现在，还能信手折出，满满都是儿时美好回忆。在这里介绍一些传统、简单的、小朋友们都喜欢的折纸游戏。首先是三款形象可爱的纸飞机。

一、蓝鸟飞机

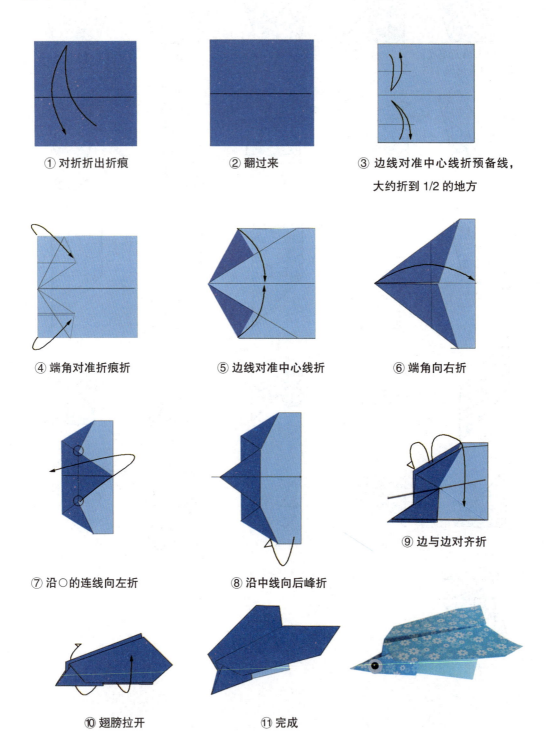

① 对折折出折痕　　② 翻过来　　③ 边线对准中心线折预备线，大约折到 1/2 的地方

④ 端角对准折痕折　　⑤ 边线对准中心线折　　⑥ 端角向右折

⑦ 沿○的连线向左折　　⑧ 沿中线向后峰折　　⑨ 边与边对齐折

⑩ 翅膀拉开　　⑪ 完成

二、海豚飞机

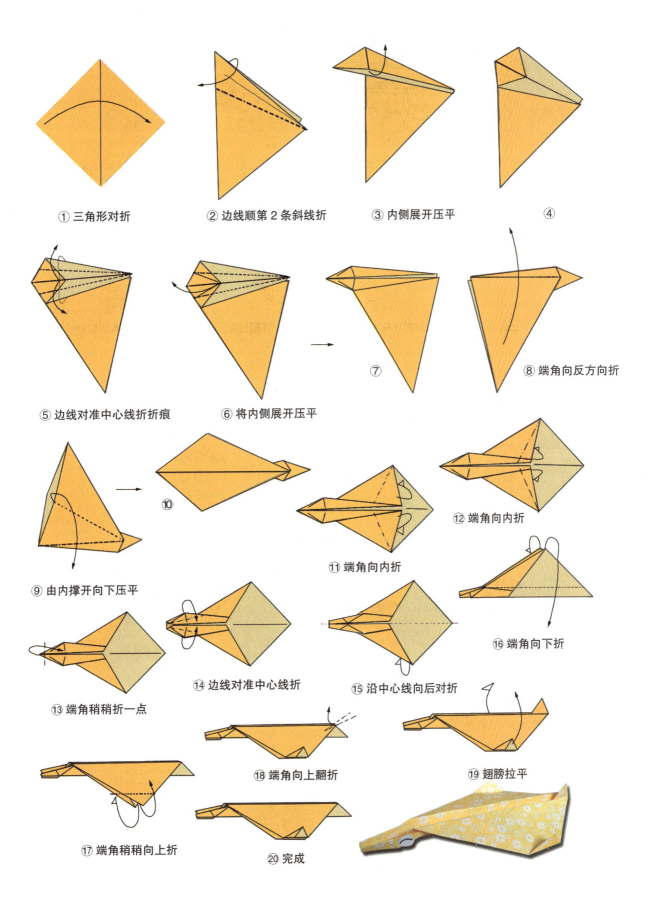

三、回旋飞机

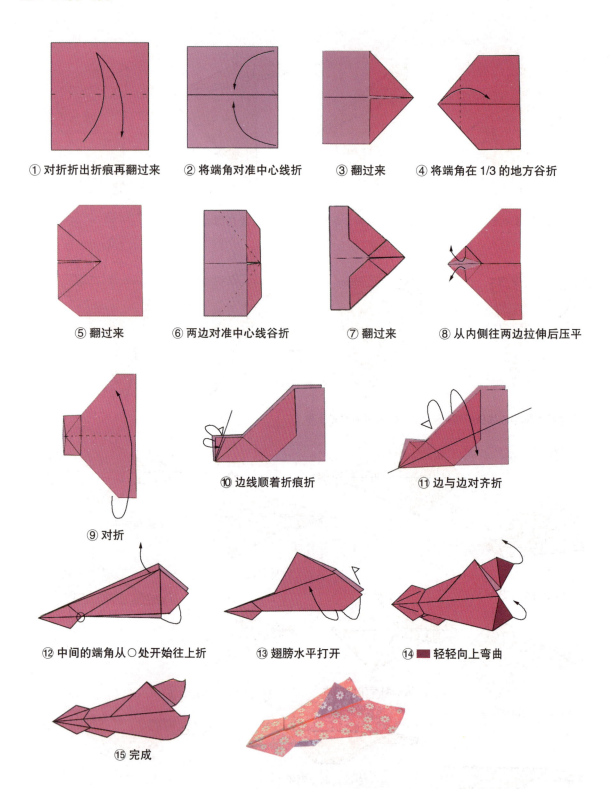

四、会叫的狗

① 如图折好后,将整张纸展开,顺着折痕整理。
② 压平整。
③ 左角向外翻,作为狗的鼻子,画上可爱的眼睛,完成。

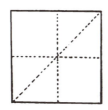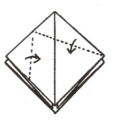

玩法:左手捏住左下角,右手轻轻拉动尾巴;小狗的嘴巴随着右手一张一合,就像在汪汪叫,自己配音,很有趣,快试一下吧。

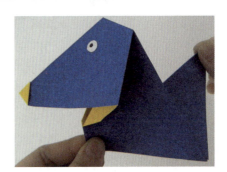

五、咳嗽的狐狸

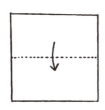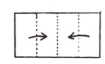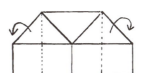

六、会说话的狐狸

① 按下图折好。

② 翻到背面。将耳朵立起。

③ 沿着耳朵下面的小正方形对角线向下折。

④ 左右两边再对折。

⑤ 正面朝上，将嘴巴下层向下拉展，中间形成菱形。

⑥ 将下面三角形的左上边向底边对折，再展开。

⑦ 再将下面三角形的右上边向底边对折，再展开。

⑧ 将下面三角形两边顺着折痕对折，中间形成一个向前的尖角，再将左右两个三角形中间的角分别向外对折。

⑨ 手捏狐狸身体两侧，嘴巴就会一张一合。

⑩ 眼睛部分可以剪一块棕色的纸，上面再粘上白纸，画上眼睛，就变成另外一种动物了。

⑪ 耳朵变化一下，变成青蛙。

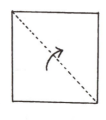 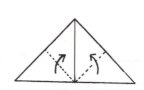 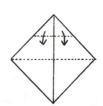

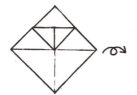 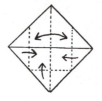

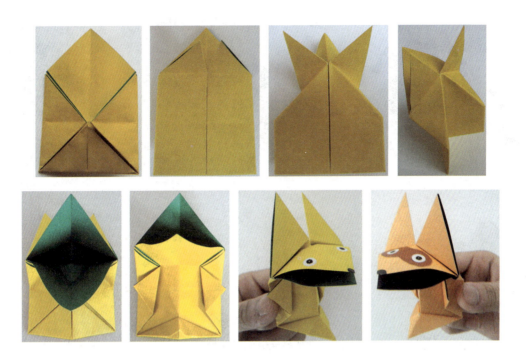

七、折纸图例

动物（鳄鱼）　　　　　　　　　动物（剑龙）

动物（熊）　　　花球　　　花球

花球　　　花球　　　花球

第三章 折　　纸

三角插折纸

三角插折纸（摩托）

小狗

思考与实践

1. 掌握并能灵活运用基本折法，临摹不同类型的折纸形象。
2. 运用基本折法，创作美观、有趣的折纸作品。
3. 运用折纸形象，以8开纸大小为底板，制作小幅装饰画。
4. 结合儿童文学作品，创作一组手指偶作品。
5. 能够创作折纸花球，装点教室和居室。

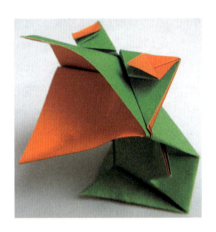

第四章

衍 纸 制 作

[经典作品赏析] 《小恐龙》《玫瑰女孩》

我们看到的这两幅作品，都是选自国外的优秀衍纸作品，生动、灵活地表现了衍纸的造型特点。右边这幅《小恐龙》，根据图形轮廓，将松卷制成需要的水滴卷、眼形卷、半圆卷、三角卷、方形卷、鸭掌卷、复合紧卷，眼睛使用的是复合紧卷，下面小花用的是鸭掌卷和两个眼形卷，用绿色纸剪出尖角形表现草地，整幅画面色彩明快，形象简单可爱，符合儿童好奇、活泼的特点。

左边这幅《玫瑰女孩》衍纸画，首先触动心灵的便是那一头漂亮的粉色衍纸玫瑰，再零星点缀一些深色或浅绿色叶形卷，女孩的头发用红色、深红色的月形卷，粘贴出参差不齐的留海儿，衬托出女孩温柔、恬静的脸庞，优美的脖颈，用蓝白相间的眼形卷粘贴出女孩干净、美丽的衣裳，那么温柔、甜美，仿佛深情地凝望着你，让人在赞叹作者高超手艺的同时，感觉无限美好。

玫瑰女孩

小恐龙

第一节 衍纸概述

衍纸又叫"卷纸"，其英文名为 Quilling，是一种古老而极具魅力的手工艺。16~17 世纪，衍纸作为手工纸艺逐渐成熟起来，欧洲的修女们用衍纸做成装饰画，来装饰教堂的圣物，当时很多贵族妇女也很擅长这项手工艺，后来逐渐流行起来。

衍纸是一项工艺性比较强的手工纸艺，看似普通的纸条，通过卷、捏、编、粘，便可以创作出千变万化的作品来。过去衍纸是用作宗教圣物的装饰，自从流传到民间之后，不但表达方式更加多元化，更多精美的设计更是将衍纸固有的艺术气息展现得淋漓尽致。

衍纸作为纸艺，已经走入课堂，成为很受学生欢迎的一门手工课。衍纸制作，看似线条纵横交错，很难处理，但实际上操作步骤很简单。平日对手工制作感兴趣的同学可以选择制作衍纸画来提高审美和动手能力。

第四章 衍纸制作

想要成为衍纸高手,需要首先学会用衍纸条制作各种基础造型,然后利用这些基础造型按照事先设计好的图案制作出想要的衍纸作品。学了衍纸以后,可以用来装饰贺卡、纸袋、相框、剪贴簿、包装盒或其他手工艺品,还可以制作精美的衍纸装饰画。用专用的工具将细长的纸条一圈圈卷起来成为一个个小"零件",然后将这些形状、颜色各有不同的"零件"进行粘贴完成作品。

衍纸制作的工具是:各色衍纸条、卷纸笔、锥子、镊子、手工白胶、万用尺。

在制作衍纸作品前,可先用卷纸笔的笔头部分在衍纸条上轻轻刮一下,使其有自然的弧度。下面介绍几个基础的衍纸卷:① 紧卷;② 松卷;③ 开卷;④ 眼形卷;⑤ 弯曲卷;⑥ S 形卷;⑦ 眼形卷;⑧ 叶形卷;⑨ 月形卷;⑩ 半圆卷;⑪ 箭头卷;⑫ V 形卷;⑬ 心形卷;⑭ 三角卷;⑮ 方形卷;⑯ 星星卷;⑰ 鸭掌卷;⑱ C 形卷。

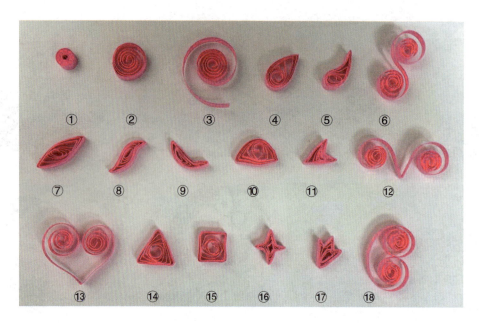

第二节 衍纸装饰画

一、衍纸装饰画制作范例

此处以衍纸装饰画"蒲公英和蝴蝶"为例,说明衍纸装饰画的制作。

准备:一张黄色复印纸、4条绿色衍纸条、2条粉色衍纸条、1条棕色衍纸条、1条深绿色衍纸条、衍纸笔、手工白胶、镊子、牙签。

① 将黄色复印纸裁成1cm宽的纸条,将1条半纸用手工白胶粘接到一起。

② 对折两次,剪出细丝状,展开,没剪到的地方剪好,用衍纸笔从一侧轻轻卷起。

③ 卷完后，用白胶固定。用手从中间向外将花瓣展开，一朵蒲公英的花儿完成。

④ 取一根绿色衍纸条，卷成松卷，用手指将松卷捏扁。

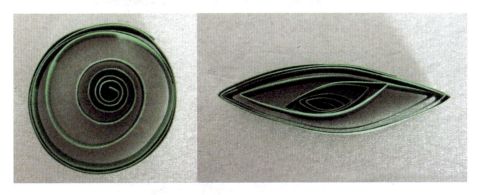

⑤ 用镊子夹住中间，将两侧向里推成 8 字形。

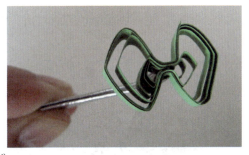

⑥ 再捏住两侧尖端，向里推。

⑦ 用棕色衍纸条对折，立起，做花梗，将花朵、叶子组合到一起。

⑧ 用半条粉色衍纸，卷成松卷，用牙签蘸手工白胶，将每层卷都粘到外圈结合的位置。

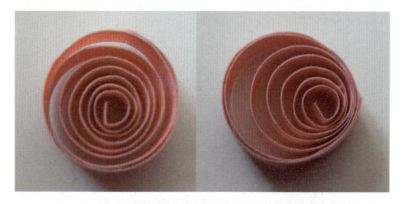

⑨ 在卷聚集的地方捏一下，一个蝴蝶的大翅膀完成，做两个大翅膀。

⑩ 再用半张纸条相同方法做两个小翅膀，用一块深绿色衍纸对折，做触角。

⑪ 将蝴蝶粘到蒲公英的上面位置，一幅小型衍纸画就完成了。（同学们可以利用衍纸的特点，做其他花朵造型，配上蝴蝶、蜻蜓、蜜蜂等完成一幅简单的小装饰画。）

二、衍纸装饰画作品范例

第三节 衍纸小制作

一、收纳盒

生活中我们可以用卡纸、旧纸箱做很多种收纳盒,大到装衣服、生活用品的组合式收纳纸箱,小到精致、漂亮的首饰盒、笔筒等等,配上精美的衍纸花图案,不仅增添生活乐趣,又能提高同学们的动手及创造能力。

方法步骤：① 用卡纸做个心形（或其他形状）的盒子，并用胶水在外面粘贴一层好看的彩纸；② 在盒盖上设计图案；③ 用衍纸条粘贴图案。

二、相框、纸袋

相框、纸袋是我们生活中常见的物品，亲手制作的纸相框、纸袋，点缀些许漂亮的衍纸图案，为生活增添美好的元素，使用起来是不是更有韵味呢？

三、贺卡、书签、留言卡

小小的卡片承载着美好的祝福与浓浓的情意。用衍纸制作留言卡、书签、贺卡，不仅展现精巧的手工制作技艺，更能开启智慧，激发学生生活、学习的热情。

方法步骤：① 制作一张卡片；② 设计图案；③ 粘贴衍纸。

四、立体小制作

衍纸不仅可以平面粘贴，还可以制成立体的，如常见的生活用品、立体的小盆栽、可爱的小动物、人物等等，这些都是通过衍纸卷捏制、粘贴而成。

思考与实践

1. 想一想，如何将一根根纸条塑造成美观、有趣的形象。
2. 运用衍纸的基本卷法，能够独立完成一幅生动的衍纸装饰画。
3. 做一个小收纳盒，用衍纸装饰。
4. 利用生活中的废旧纸张，运用衍纸技法，制成优雅的立体小物，装点生活。

第五章

纸 花 DIY

[经典作品赏析] 《牡丹》

《牡丹》这幅作品，出自《全图解纸艺花》一书。制作时，用粉红色浮染纸做花瓣，深绿色纸藤做花萼和叶子，用手工白胶将花瓣层层粘贴，加上绿胶带、纸艺花用绿铁丝，组合而成生动、逼真、富贵的牡丹花，初看时，是不是有一种迎风带露、栩栩如生的感觉呢。

浮染纸是一种人工制作的手揉纸，颜色艳丽，纸质轻盈，纹理自然，做出的花儿生动，有层次感，选用这种纸制作牡丹花，能更好地表现花瓣丰富的变化，突出牡丹花的特点，取得圆满的效果。

纸花DIY制作用到的工具和材料是：① 剪刀；② 钳子；③ 裁纸刀；④ 锥子；⑤ 手工白胶；⑥ 30号细铁丝（银色）；⑦ 铁丝（从上往下依次为3号、2号、18号、24号、26号铁丝）；⑧ 胶带；⑨ 双面胶；⑩ 皱纹纸；⑪ 手揉纸、浮染纸；⑫ 纸藤；⑬ 保丽龙模型（泡沫模型、花苞，可用面巾纸代替）。

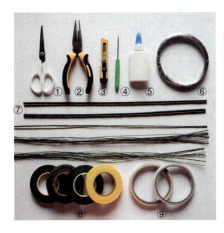  

第一节 百合 DIY

① 花蕊：长约16 cm，宽0.5 cm的白色皱纹纸（或纸藤）3条，搓成绳状，纸条的两端分别折0.5 cm，

折两到三次，并用黄色胶带缠好，形成圆形包状。② 将3张纸条都做成花蕊。

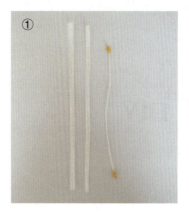
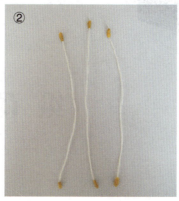

③ 将长约8cm、宽约1cm白色皱纹纸条一张，顶端剪出约0.3cm宽的条状3条，下面逐渐修窄。
④ 将条状部分用剪刀刮出弧度，1cm位置开始向下拧成绳状，顶端自然形成小花朵形状。

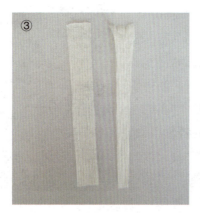
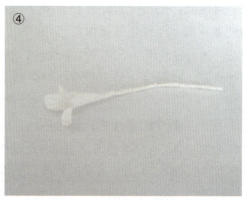

⑤ 取一根18号铁丝，顶端弯钩。⑥ 钩住3根花蕊的中间，并用钳子捏紧，再加上白色小花朵。

⑦ 下面用绿胶带缠紧。⑧ 花瓣：用白色皱纹纸按纸型剪出6枚大花瓣，6枚小花瓣。

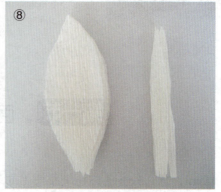

⑨ 将小花瓣正面涂上手工白胶，放上一根 30 号细铁丝。⑩ 粘贴到大花瓣反面的中间位置，趁胶未干时，将花瓣左右分别拉出波浪状。

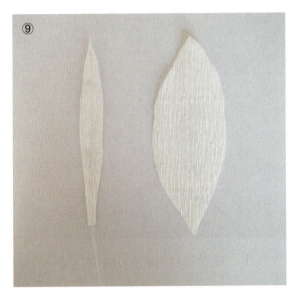
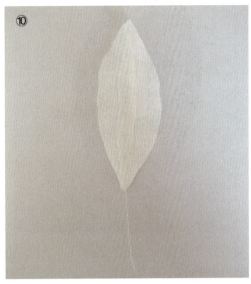

⑪ 取 3 枚花瓣围在带花蕊的铁丝周围，粘小花瓣的一面朝外。⑫ 再取 3 枚花瓣分别放在间隔处，下面用细铁丝绑紧。

⑬ 外面缠紧绿胶带。⑭ 叶子：剪一段长约 10 cm 的深绿色纸藤，对折，涂上手工白胶，中间放入 26 号细铁丝粘好。

⑮ 剪出叶子形状。⑯ 用绿胶带将叶子分别一上一下，方向错开缠到花梗上。

⑰ 整理花瓣姿态，成碗状盛开，一支漂亮的百合完成。⑱ 花苞：10 cm×5 cm的长方形白色皱纹纸，将四角剪掉成椭圆形。

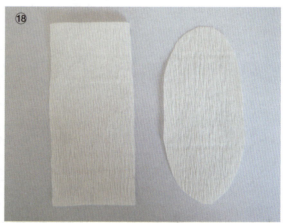

⑲ 中间放入一根长25 cm的26号铁丝，再放入一块用面巾纸搓成的纸球。⑳ 涂上手工白胶，粘好。

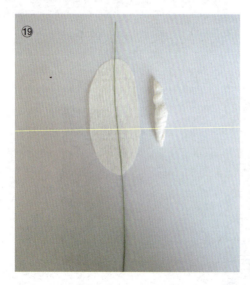
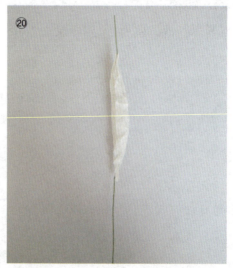

㉑ 将做好的 3 个小花苞，铁丝短的一端拧到一起，并用绿胶带缠紧固定。㉒ 3 个小花苞分别向下折。

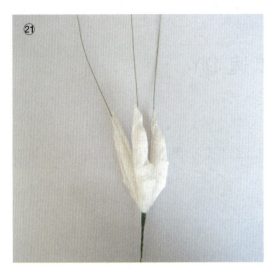

㉓ 下面用绿胶带缠紧固定。㉔ 再剪 2 枚稍窄些的叶子。

㉕ 将叶子用绿胶带分别缠到花梗上。㉖ 用绿胶带将花苞同花朵缠到一起，完成。

第二节 玫瑰DIY

①用手揉纸按纸型剪出大花瓣8枚，小花瓣4枚。②锥子（可用铁丝代替）放在一枚花瓣的一侧。

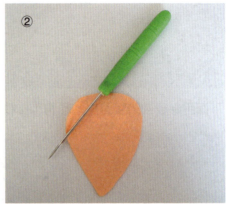

③斜着卷。④推到锥子的根部。

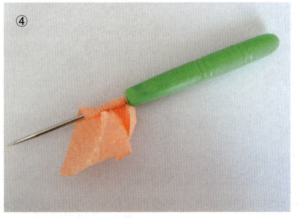

⑤展开，另一侧同样卷起，推到锥子的根部，再展开。⑥顶端用相同方法卷好。

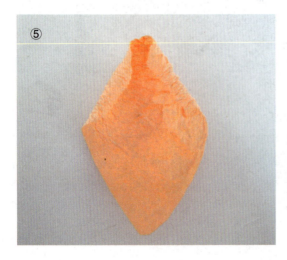

⑦ 翻到反面，用手轻轻将皱褶展开，成凹状，为花瓣的正面。⑧ 将大、小花瓣都用相同方法卷好。

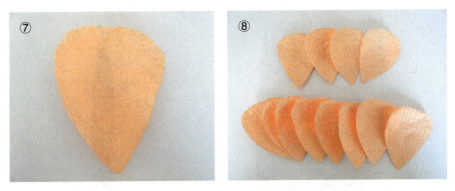

⑨ 一根18号铁丝，顶端用钳子弯钩，钩住折好的半张面巾纸，捏紧弯钩。⑩ 涂手工白胶，整理成卵形。

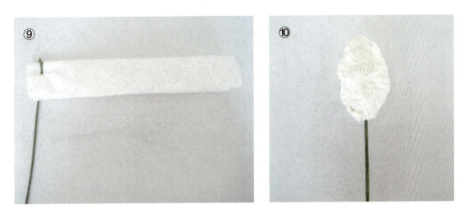

⑪ 4枚小花瓣都涂手工白胶，第一枚花瓣要涂得多些，从上往下包住面巾纸球，上面不要露出白色的纸。⑫ 第二枚花瓣粘到第一枚花瓣的对面，上面对齐。

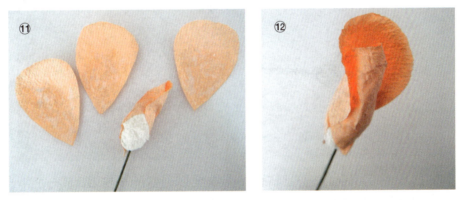

⑬ 将另外2枚小花瓣分别粘到左右两侧。⑭ 再将8枚大花瓣错开，粘到小花瓣的外面。

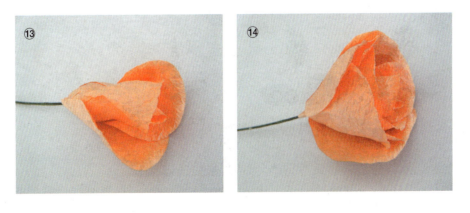

⑮ 剪一块深绿色纸藤，宽大约能将玫瑰的根部包住，长约 5 cm。⑯ 对折两次，一端剪出尖角。

⑰ 展开，涂上少量手工白胶。⑱ 包在花朵的下方，多余部分拧到铁丝上。

⑲ 根部往下，缠紧绿胶带。⑳ 整理花瓣。

㉑ 剪 6 枚小叶子，边缘剪出锯齿。分别粘到 26 号铁丝上，包好，3 枚组合成一个叶子。㉒ 将叶子用绿胶带，一上一下，错开缠到花茎上。

㉓ 整理花朵和叶子。㉔ 选自己喜爱的颜色，做一枝盛开的玫瑰吧。

第三节　康乃馨 DIY

① 用手揉纸裁 8 cm×8 cm 的正方形 8 张。② 按三瓣花的折法，先对角折，再以底边中点为轴，将右角向左折三分之一，再将左角向右折，再向后对折。

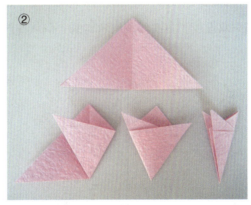

③ 沿着有横边的一面先剪成弧形，再剪成锯齿状，底角剪掉 1 mm。④ 展开，将每条折边剪到大约三分之二位置。

⑤ 再对折两次，成三层小花瓣状。⑥ 将每一层花瓣用手拧一下。

⑦ 展开，将中心粘上窄双面胶，一层花瓣完成。⑧ 取一根18号铁丝，顶端用钳子弯一小钩。

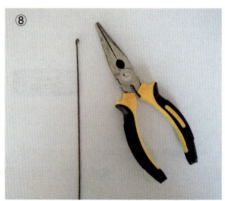

⑨ 撕下双面胶，将铁丝没有弯钩的一侧从花瓣中间穿过。⑩ 在弯钩处双手将花瓣捏紧，上面看不到铁丝为止。

⑪ 第二片花瓣用同样方法从底端穿过，在第一片花瓣下面捏紧。⑫ 用相同方法将其余花瓣都粘好。

⑬ 将大约 3 cm 的面巾纸，涂上手工白胶，缠到花朵下面，粘好。⑭ 剪一块比面巾纸略长些的绿色纸藤，宽大约能包住面巾纸。对折两次，一侧剪出尖角，展开成花萼。

⑮ 将花萼涂上手工白胶，如图粘到花朵下面，长出面巾纸的部分拧到铁丝上。⑯ 下面用绿色胶带缠好固定。

⑰ 再用绿色纸藤剪出几片叶子。⑱ 将叶子用绿胶带错落开，缠到花梗上，稍作整理，完成。

第四节 向日葵 DIY

① 用棕色皱纹纸裁出 180 cm×8 cm 的长方形（皱纹的方向要垂直于长度）。将一边向内折到三分之一位置，没折的一边粘上双面胶。② 将纸条对折两次，折叠的一侧用剪刀剪出长约 1 cm，宽 0.2 cm~0.3 cm 的条状，再展开，将没剪到的地方再剪好。

③ 取一根 3 号铁丝做花茎，顶端缠上双面胶，轻轻将纸条缠到花茎上，底端对齐，捏实。④ 底端用细铁丝绑紧，完成花蕊制作。

⑤ 取一卷杏黄色皱纹纸，一端能将花蕊包住为宽度，剪下。⑥ 裁出两个宽约 10 cm 的长方形。

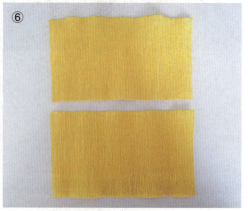

⑦ 取其中的一个长方形,对折两次,将中间、两侧分别剪到三分之二位置,上面分别剪出略带弧形的尖角。⑧ 用剪刀将花瓣轻轻刮弯,下面粘上双面胶,完成花瓣制作。

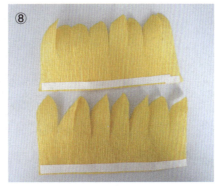

⑨ 撕下双面胶,将花瓣粘到花蕊的外面,捏实。⑩ 另一层花瓣粘到外面,花瓣之间错开,尽量不要重叠。

⑪ 外面绑紧细铁丝,固定,完成花朵制作。⑫ 剪一段深绿色纸藤,长度刚好能包住花朵。

⑬ 对折几次,一端剪出尖角,展开,涂上少许手工白胶。⑭ 将花萼粘到花朵的下面,多余部分拧到花茎上,完成花萼制作。

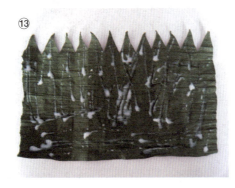

⑮ 用绿胶带缠紧固定。⑯ 用深绿色纸藤，按纸型做好两枚双层叶子，趁胶未干时，用手指甲挤出叶脉形状。

⑰ 用绿胶带，将叶子一上一下固定到花茎上。⑱ 整理花瓣和叶子，一朵漂亮的向日葵便完成了。

第五节　郁金香DIY

① 用手揉纸剪大花瓣、小花瓣各6枚。② 小花瓣上面涂上手工白胶，粘到大花瓣中间位置，底端对齐。

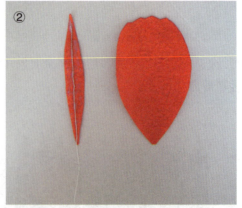

③没有粘花瓣的一面为正面。④将花瓣对折（粘花瓣的一面朝里），放到一块手帕上。

⑤手帕沿着折边包住，右手掌压住花瓣，左手拽手帕一角。⑥向左下方拉，随着右手掌逐渐抬起。

⑦拿出花瓣，轻轻展开，保持纹理，其余花瓣相同，完成花瓣。⑧取一根2号铁丝，顶端用手工白胶粘棕色皱纹纸，再剪2cm×4cm的棕色皱纹纸，一端粘双面胶，一端剪出0.1cm宽的条，搓成绳状。

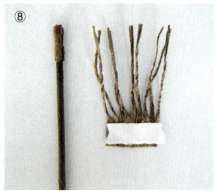

⑨撕下双面胶，将铁丝包住，完成花蕊。⑩取3枚花瓣错开包在花蕊的周围。

⑪ 另 3 枚花瓣错开围在里层花瓣的周围,底端用细铁丝绑紧。⑫ 用绿胶带包住铁丝固定。

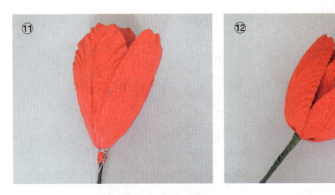

⑬ 剪一段 18 cm 长的深绿色纸藤,展开,裁出宽 6 cm、长 18 cm 的长方形。⑭ 对折,展开,一面涂上手工白胶,中间放入 26 号铁丝。

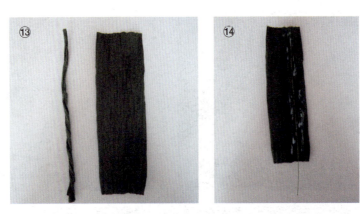

⑮ 对折粘贴好。⑯ 再对折。

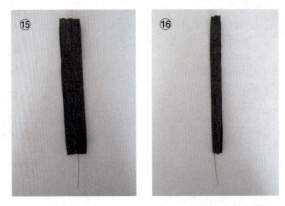

⑰ 底端宽约 0.3 cm 位置向上斜剪到三分之一位置,在三分之二位置,再向上剪出尖角。⑱ 展开,1 枚叶子便做好了,相同方法共做 2 枚叶子。

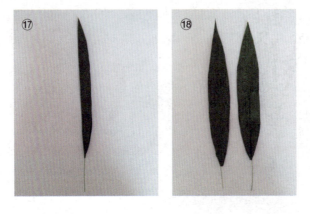

⑲ 将2枚叶子一上一下，错开固定到花朵的下方。⑳ 整理花瓣和叶子，完成。

第六节　雏菊 DIY

① 用杏黄色皱纹纸裁出2 cm×12 cm的长方形2张，分别粘上双面胶，一端剪出宽约1 mm的条。
② 取一根15 cm长的24号铁丝，顶端1 cm处用钳子弯钩，将弯钩放到花瓣上，捏紧弯钩。

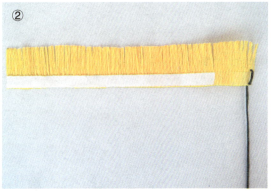

③ 将花瓣卷起，底端粘齐整。④ 花蕊完成。

⑤ 用粉紫色皱纹纸裁出 5 cm×12 cm 的长方形 2 张，粘好双面胶。⑥ 将 2 张长方形纸一端剪出宽为 0.5 cm 的条，剪到双面胶处。

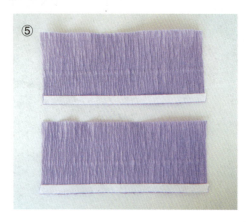 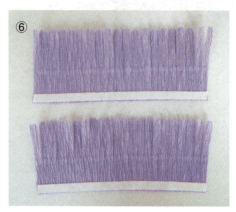

⑦ 顶端剪出带凹角的圆弧形。⑧ 将长方形花瓣粘贴到花蕊的外面，花瓣之间方向要错开。

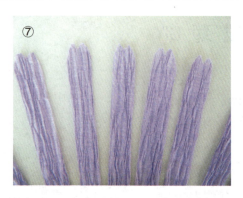 

⑨ 底端粘整齐，再剪一段 4 cm 长的深绿色纸藤。⑩ 将纸藤展开，沿着刚好能包住花朵下方的宽度剪下。

⑪ 展开。⑫ 对折三次，一端剪成尖角。

⑬ 展开，做花萼。⑭ 涂手工白胶，粘到花朵的下方，多余部分拧到铁丝上。

⑮ 用绿胶带缠紧固定。⑯ 用深绿色纸藤，剪 4 枚叶子。

⑰ 取一根长约 9 cm 的 26 号铁丝，一部分涂手工白胶，放到叶子的中间位置。⑱ 用叶子将铁丝包好。展开便成 1 枚叶子。

⑲ 共做 4 枚叶子。⑳ 将 2 枚叶子用绿胶带错开缠到花朵下方。

㉑ 左手拿着花朵的根部，右手用闭合的剪刀轻轻地卷花瓣，使其弯曲。㉒ 整理花瓣和叶子，花朵完成。

㉓ 再裁 4 cm×12 cm 的长方形 1 张，底端粘上双面胶，同花朵一样剪好花瓣形状。㉔ 用剪刀轻轻刮一下，使其向双面胶方向弯曲，将长 15 cm 的 24 号铁丝，顶端弯钩，放到花瓣上，捏紧弯钩。

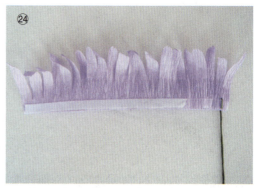

㉕ 将花瓣粘整齐。㉖ 再做一个花萼，粘到花苞的下方，缠好绿胶带。

㉗ 用绿胶带将 2 枚叶子错开缠到花苞下方。㉘ 将花苞和花朵用绿胶带缠到一起，完成。

附 纸花 DIY 图例

风信子

韭兰

绣球

勿忘我

萱草

薰衣草

思考与实践

1. 临摹自己喜欢的花卉形象,并能运用所学技能装点教室和居室。
2. 选择几种生活中常见的花卉,做纸花造型。
3. 观察生活中的花卉,善于运用纸的不用特性和色彩,力求达到理想的艺术效果。
4. 根据季节的变化,能够利用不同的花朵进行主题性环境创设。

第六章

纸服装制作

[经典作品赏析] 《纸艺服装作品》

纸艺的魅力真是无穷无尽,而且总能让人惊艳不已。这些漂亮、华丽的服装是来自于比利时艺术家伊莎贝尔德(Isabelle de Borchgrave)的纸艺作品,她善于将一些不起眼和令人不可思议的材料,比如纸张,巧妙地结合在一起,制作出引人注目的雕塑般的服装。

伊莎贝尔德是位画家,但她的成就与灵感却是服装,而且是奢华古董衣。她与服装历史学家和年轻的设计师们一起合作,用普通的纸制作了一件件奢华的欧式古董衣。纸质古董衣的精细细节和独特飘逸感让人误以为真。

第一节 纸服装概述

在人类社会早期,用来遮体的兽皮、树叶或用作伪装的兽角、兽头、兽尾已成为人类服饰的雏形。麻类纤维和草制成包裹身体最早的"织物"。随着农、牧业的发展,人类的服装也由简单到复杂不断发展,成为今天颜色、质地丰富多样、造型各异的服装。

我国人口众多，资源辽阔，拥有56个民族，每个民族都有各自独特的风俗习性和服装特点，例如：淡雅、轻盈的朝鲜族服装，优美、迷人的满族旗袍，淳朴、精致的苗族服饰，华丽、秀美的彝族服饰等等。这些都是我们服装创作的无尽宝藏和源泉。

近年来，随着手工纸艺的不断发展、流行，纸艺服装也逐渐成为手工爱好者乐于表现的题材，那奇妙的构思与精巧的造型设计，往往成为校园时装展中万众瞩目的奇葩，让人在赞叹创作者高超技艺的同时，感受生命的美好与资源的可贵。纸艺服装制作这种既有创造性又有欣赏价值的课程类型，与生活联系密切，不仅能培养学生细致观察的能力，又能增强学生审美及创造的能力，学生自己去设计服装、制作服装，可以增长知识，开阔眼界，同时能提高自己的素质和个人修养。可以学以致用、学技相通，取得良好的学习效果。发挥学生的想象力和创造力，展现自己的个性，运用纸的不同特性，创造各种风格的效果。培养学生感受美、创造美的能力，在进行创作作品时得以充分体现。

纸艺服装制作是将专业服装设计及裁剪通过各种纸的形式加以表现，将服装的缝制工艺转化为纸的剪粘工艺，运用纸的独特魅力，巧妙地表现出服饰造型的美好韵味。

纸艺服装制作是一种仿真的制作，是一种个性、创意的手工纸艺。从头部装饰到服装整体搭配的设计、制作，大胆选材，开发新材质，设计要新颖，构思要有独特性，色彩要美观和谐，富于美感，结构比例适当，整体协调，达到良好的视觉效果。

工具材料可选用生活中常见的手揉纸、皱纹纸，各种鲜花包装纸、彩色油纸、宣纸、牛皮纸、报纸、手工白胶、双面胶、裁纸刀、剪刀、皮尺等等。

纸艺服装的设计与制作的过程是：① 设计构思；② 制图裁剪；③ 制作粘贴。

制作小型的纸服装造型，可以用保丽龙球和铁丝，自己做模特人偶，也可以用现成的芭比娃娃做模特，设计制作纸服装。

第二节　纸服装制作

一、芭蕾女

材料：

衬裙（白色）10 cm×15 cm，10 cm×25 cm，10 cm×35 cm；

裙子（草绿色）12 cm×40 cm，蕾丝（黄色）4 cm×50 cm；

上衣（黄色）7 cm×14 cm，鞋子（粉色）3 cm×4 cm（2个）；

蝴蝶结（黄色）8 cm×4 cm。

注意： 在贴脖子部位的蕾丝时应耐心地贴上去。白胶带拉抻才有粘性，为了更牢固，可首尾涂少许手工白胶。纸选用有弹力的皱纹纸，白胶带为做纸艺花用的白色纸胶带。

① 准备 3 张衬裙（白色皱纹纸）。裙子下端最好折成 1 cm 折边。② 有折边的一端，拉扯出波浪。

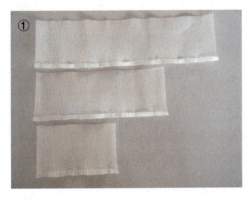

③ 反面粘好胶。④ 撕下右侧的胶，使两端聚在一起并贴住。剩余两张依此方式进行。

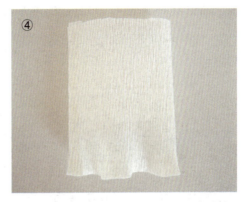

⑤ 穿在躯干上，接口在躯干的后中心，捏好皱纹，依着腰穿好衬裙。⑥ 为了更好地固定，用白胶带缠住固定。

⑦ 从最小的衬裙起依次叠穿好 3 张裙子。⑧ 外裙同衬裙一样，粘好胶，拉好波浪。

⑨ 叠穿在衬裙上，依着腰捏好皱纹，用白胶带固定。⑩ 做上衣的黄色皱纹纸，在上下折出 1 cm 接口，大约中间位置粘胶。

⑪ 在背后开始，绕一圈贴住。⑫ 翘起的地方用手工白胶粘好。

⑬ 蕾丝的皱纹纸，两面捏出波浪状，中间粘胶。⑭ 沿着脖子线粘好。

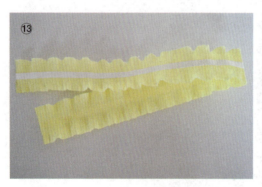

⑮ 整理好竖起来的蕾丝。⑯ 作鞋子的纸上，涂点手工白胶，从脚脖往下缠。

⑰ 用 1 cm×10 cm 的纸搓成鞋带，并以 X 字的形式交叉绕上去再绕下来，在后面打个蝴蝶结。
⑱ 用黄色皱纹纸捏好蝴蝶结。

⑲ 1 cm 宽的纸条在中间包住。⑳ 粘在模特后面。

㉑ 折一枝小百合，粘在纸绳上。㉒ 系在模特头发上，完成。

二、朝服对娃

女服装材料：

衬裙（白色）22 cm×25 cm，22 cm×35 cm；

衬裤（白色）19 cm×10 cm（2 条）；

裙子（深玫红色）21 cm×50 cm；

衣袖（粉红色）11 cm×8 cm（2 条）；

上衣（粉红色）12 cm×7 cm。

注意： 衬裤要做的比衬裙短一点，裙子的白色内里应该做的在外衣下面看到，这样看起来娇艳。

男服装材料：

裤子（浅紫色）20 cm×10 cm（2 个）；

上衣（浅紫色）20 cm×9 cm；

背心（紫红色）18 cm×9 cm；

袖子（浅紫色）12 cm×8 cm（2 条）。

注意： 裤子褶皱要自然丰腴的做成，领边和飘带用两张皱纹纸双重粘贴，要干净利落地收尾。

① 衬裤，准备好做衬裤的白色皱纹纸。② 对折，下摆 3 cm 处竖着如图剪好，展开，一侧斜线部分粘好双面胶。（2 条准备）

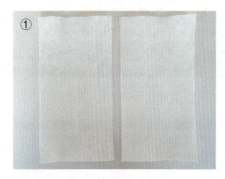 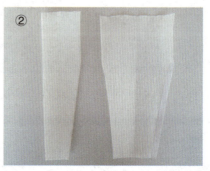

③ 两条裤腿内侧、左面裤腿左上部分，粘好双面胶。④ 腿两侧表面相对，粘好，将后腰缝隙处粘好，做成裤子。

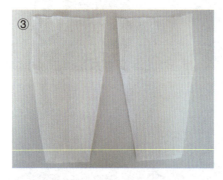 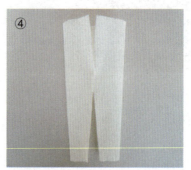

⑤ 将模特从开口处穿好裤子。⑥ 对准腰部打褶整理好，用白色（纸艺花用）胶带缠好。

⑦ 将两张衬裙纸，下端最好折成 1 cm 折边。⑧ 双手拉扯出波浪状皱纹，正面竖向一侧粘双面胶，反面，没波浪的一端也粘上双面胶。

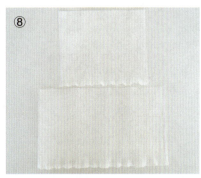

⑨ 使两端聚在一起并贴住。⑩ 穿在模特身上，撕下内侧的双面胶，衬裙接口在躯干的后中心，捏好皱纹，依着腰穿好衬裙，用白胶带缠住固定。

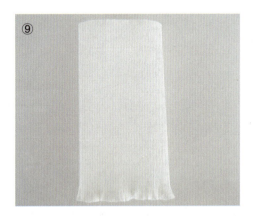

⑪ 再将宽的衬裙穿好。⑫ 做罩裙的深玫红色皱纹纸下摆 1 cm 处同样折起来，拉出波浪，粘好双面胶。

⑬ 对接粘好。⑭ 同样身体后面贴上裙子的中缝，顺着腰身打褶，用白胶带固定在身上。

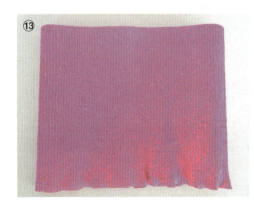

⑮ 准备上衣和袖子（上衣做前开缝），和 2 张 1 cm 宽的白色和深玫红色皱纹纸条。⑯ 袖子一边做折边，按袖子曲线粘双面胶。

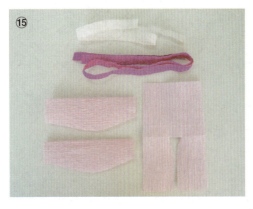

⑰ 翻到反面，在折叠的方向，粘上双面胶。⑱ 袖子末端 1 cm 处粘上剪的深玫红色皱纹纸条。

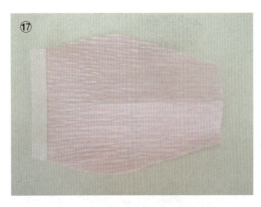

⑲ 按照袖子模样整理粘好。⑳ 白色皱纹纸条粘上双面胶，将深玫红色皱纹纸条错开粘到上面。

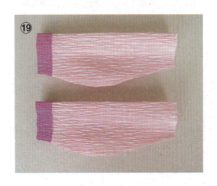

㉑ 翻到反面，再粘好双面胶。㉒ 上衣的脖子部位剪成三角形。

㉓将纸条如图粘到衣服上。㉔仔细整理,粘好。

㉕剪掉多余部分,将右侧衣襟放到上面。㉖打开上衣,将两侧粘双面胶。

㉗两个袖子插上胳膊粘贴在身体上。㉘上衣搭在肩上穿,两侧粘好。

㉙从上衣里面粘上内袄飘带(1 cm宽的白色皱纹纸条)。㉚1 cm宽紫红色皱纹纸条做成外衣飘带。

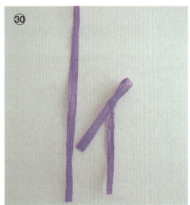

㉛ 粘上外衣飘带，将头发编好。

㉜ 准备好两张裤子纸，把下摆 1 cm 处向上折，顶边和一侧边粘上双面胶。㉝ 粘成圆筒形，裤子的上面部分按斜线剪掉。

㉞ 外面对齐，后面用胶粘好，像女娃一样，就做成裤子模样了。㉟ 将裤腰部分粘好胶，放入身体，对准腰部，打褶粘好，用胶带固定。

㊱ 裤脚处捏紧，再剪相同颜色的皱纹纸条。㊲ 把脚腕处包好固定。

㊳ 两只裤腿都包好。㊴ 准备上衣。(作为背心,把肋下和前开缝处按斜线剪好;外衣剪前开缝;袖子一边做上折边)

㊵ 按照袖子曲线粘上胶。㊶ 将袖子粘好。

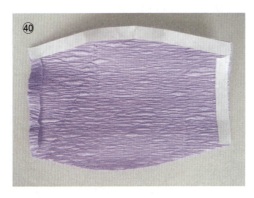
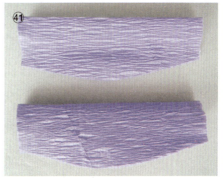

㊷ 撕下双面胶,插上胳膊穿在身体上,肩膀处粘好。㊸ 外衣同女服一样粘贴好领子。

㊹ 打开上衣,将两侧粘双面胶。㊺ 穿上外衣,为了外衣的旁边不展开,在肋下的胶粘好。

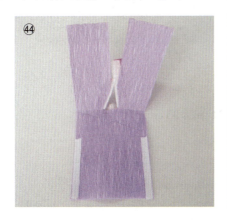

㊻ 粘上飘带。㊼ 将背心的肋下粘好胶。

㊽ 将背心穿在上衣外面,肋下粘好。

三、灰姑娘

材料:

衬裙(白色皱纹纸)21 cm×15 cm,21 cm×25 cm,21 cm×35 cm;

外裙(黄色皱纹纸)21 cm×40 cm;

上衣(黄色皱纹纸)9 cm×13 cm;

外裙花边(紫红色皱纹纸)5 cm×10 cm(8张),21 cm×10 cm(1张)。

注意: 双面胶有时容易开胶,可适当加些手工白胶,但要少涂,因为白胶涂多,皱纹纸会掉色。

第六章　纸服装制作

① 参照芭蕾舞女演员的制作方法，将衬裙分别折叠1cm，拉扯出波浪，粘好胶，用白色胶带由小到大固定到模特的身体上。② 外裙的紫色花边，分别折出1cm边，折边的一端，每隔1cm折出一个褶皱。

③ 把最长的外裙花边放在下面，8张小花边分别粘好胶，粘到上面，每隔2cm粘一个花边。④ 8张花边，依次粘好，适当加点手工白胶。

⑤ 准备好黄色外裙，同样折出1cm的边，并用手拉扯了波浪。⑥ 用双面胶涂少许手工白胶，粘在紫色花边的俩侧。

⑦ 做成圆筒状，腰部内部粘好双面胶。⑧ 把做好的圆筒状下裙部分，顺着已有的腰形，捏好褶皱。

099

⑨用白色胶带固定好。⑩用上衣相同的皱纹纸，剪成1.5 cm宽的纸条，粘好胶。

⑪分别顺着模特的两肩向下粘好。⑫做上衣的纸，上下分别折1 cm的边，大约中间位置粘好双面胶。

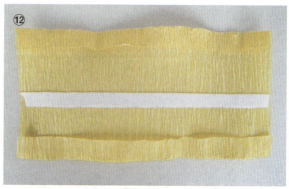

⑬把黄色上衣部分粘到上半身，后面用手工白胶粘好，腋下朝外稍折下。⑭把做好的紫色腰带粘到腰上。

⑮再粘上两张约1 cm宽同色的纸条。⑯用同样的纸做出一个蝴蝶结，粘到腰部，完工。

⑰ 可在娃娃的头及身体装饰一些花朵，让她更美丽。⑱ 迎春花的做法：用 3.5 cm×5 cm 的皱纹纸，留出约 0.3 cm 宽，将纸对折，再以三等份折叠，1/3 处向上剪出弧形尖角，展开，两侧向下修窄。

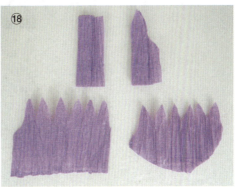

⑲ 在留出的位置，涂少许手工白胶。⑳ 粘成筒状，0.5 cm 宽的纸条，粘好胶，包在细铁丝外面，做花蕊。

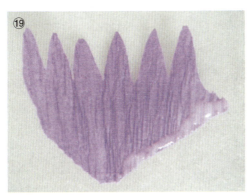
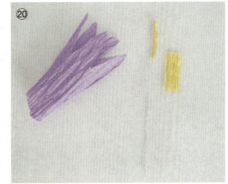

㉑ 将花蕊放入筒中，花朵底部拧到铁丝上。㉒ 将绿色胶带从中间剪开，缠在花朵底部固定。

㉓ 整理好花瓣，左手拿花朵，右手将剪刀的侧面放到花瓣下面，轻刮花瓣，使其有弧度。㉔ 花朵完成。

㉕ 戴花的灰姑娘。

四、格格服

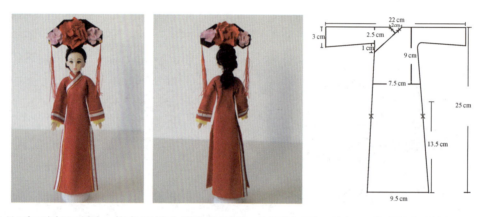

① 黑色的手工折纸对折，将卡纸剪出的头饰图形，放到上面，剪好。② 展开，粘好双面胶，下面留出一块不粘。

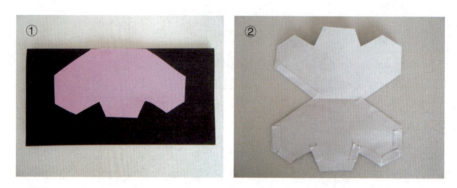

③ 粘好，将下面没粘胶的部分，向上折（约1 cm宽），再粘双面胶，放一根长约20 cm的30号细铁丝。④ 再剪一块宽约1 cm的黑色手工折纸，粘到上面，将铁丝固定，再将折上去的部分，折下来，压平。

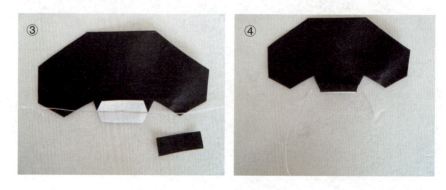

⑤ 红色手揉纸剪 10 cm×1.5 cm 长方形（2 张），一端粘好胶，下面剪成 0.1 cm 宽的条状，再用 0.5 cm 宽的纸搓成绳状（2 条）。⑥ 将纸绳放到双面胶上，卷好，做成流苏。

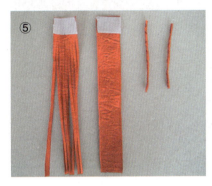 

⑦ 用 2 张 1 cm 宽的正方形，剪 2 朵梅花。⑧ 将流苏用手工白胶粘到黑色头饰两边尖角处，再将黄色花粘到上面。

⑨ 3 cm 宽的正方形剪出梅花（6 朵），用 4 cm×3 cm 长方形剪出花瓣状（10 多片）。⑩ 将花瓣一片片粘到头饰中间（花心可将花瓣剪成两个小花瓣粘）形成花朵，梅花粘到两侧。

⑪ 让花瓣边缘向上卷起。粘梅花时，要互相挤着粘，显得有层次感（背面也用相同方法粘好）。
⑫ 选好合适的模特。

⑬ 梳好发髻。⑭ 用红色皱纹纸，剪 50 cm×22 cm 长方形，对折，用卡纸做成的衣服模板，放到上面。

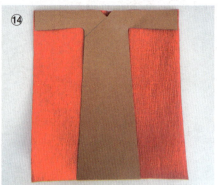

⑮ 剪好。⑯ 将领口剪好，延伸到左侧腋下 1 cm 处。

⑰ 1 cm×5 cm 的红色皱纹纸条，两边向中间折。中间上面两个角按弧形剪掉，成领子。⑱ 展开，下面粘好双面胶。

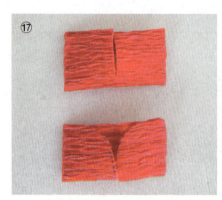
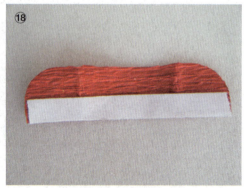

⑲ 从里面，沿着领口粘好。⑳ 将衣服从下往上揭开，粘好胶。

㉑ 将左侧衣襟留着，分别将胳膊同右衣襟粘好。㉒ 红色皱纹纸剪 2 cm 宽的条，将上下边分别折出边，剪 0.5 cm 宽的碎花纸条，粘在正面（没有折边的一面）。

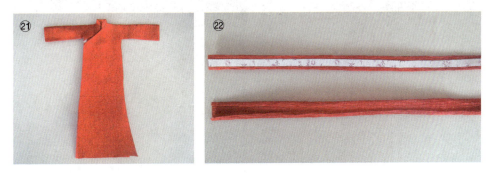

㉓ 沿着领口粘好，粘上面衣襟时，稍往上一些（能遮住下边即可）。㉔ 用 0.5 cm 宽的杏黄色皱纹纸条，搓成绳状。

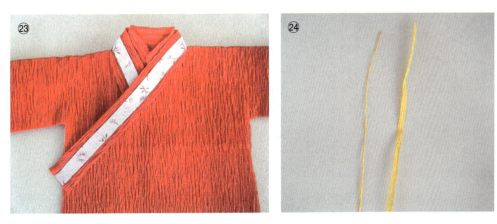

㉕ 沿着外缘粘好。㉖ 胳膊也相同方法粘好。

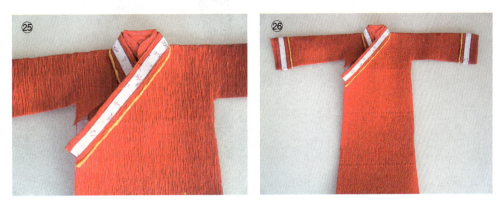

㉗ 下面 13.5 cm 高度，粘好。粘时，前后都稍往外些，上面交接处重合的地方折到里面。㉘ 左侧下面用相同方法粘好。

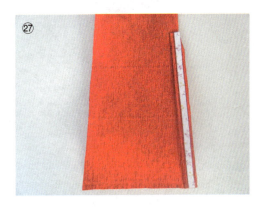

㉙ 整体效果。㉚ 5 cm×2 cm 的黄色皱纹纸，对折。

㉛ 展开，粘好胶。㉜ 粘到袖子里。

㉝ 两只袖子相同。㉞ 将衣服穿到模特身上，左侧粘好胶，从前往后包着粘，右侧相同方法整理。

㉟ 将头饰的铁丝，系到发髻下面，固定好。

五、纸服装图例(学生作品)

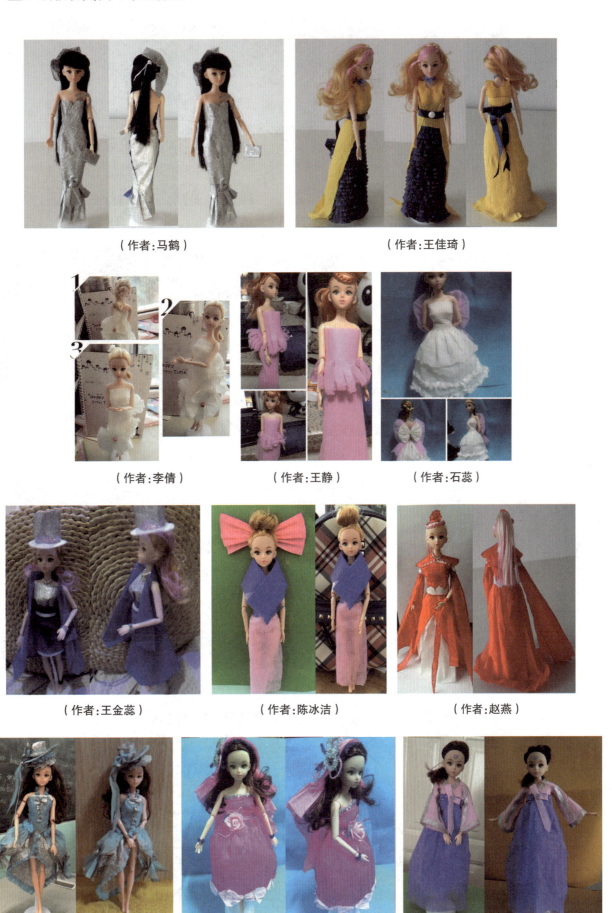

(作者:马鹤) (作者:王佳琦)

(作者:李倩) (作者:王静) (作者:石蕊)

(作者:王金蕊) (作者:陈冰洁) (作者:赵燕)

(作者:邓志茹) (作者:于佳晴) (作者:徐悦)

（作者：王东颖）

（作者：慈英婷）

（作者：房金鹤）

（作者：纪冰桐）

（作者：夏可心）

（作者：姜继泽）

（作者：刘媛媛）

（作者：王欢）

（作者：王宁）

（作者：王露萱）

（作者：苑新蕾）

（作者：周晗）

（作者：张珊）

（作者：刘阳小雪）

（作者:马庆娜）　　（作者:陈宇童）　　（作者:丁鑫萌）　　（作者:方建成）

（作者:孙雨竹）　　（作者:刘佳欣）　　（作者:韦丽琪）

思考与实践

1. 制做纸服装，选取材料时，遵循的原则是什么？怎样才能用适宜的纸张做出舒适、美观的服装？
2. 运用纸的特性，通过拉贴，搭配出一套纸制服装。
3. 尝试用不同的技法做不同的纸服装，做真人版的，展现给大家。
4. 谈谈自己在制作服装时的心得。

第七章

综合纸工造型

[经典作品赏析] 《向日葵》《葡萄熟了》

　　上面这幅《向日葵》，是幼儿园墙饰设计中比较优秀的作品，创作采用彩色卡纸粘贴的形式，在技法上，大胆地夸张变形，粘贴的形象层次分明、色彩艳丽、搭配和谐。叶子、花瓣、花蕊等处结合一些彩色的线条，加强了画面的立体感，使视觉冲击力更强一些。图中五个动物形象，运用拟人化手法，生动地展现了小动物的可爱形象。最吸引人的是那只小猴子，后脚和尾巴顽皮地挂在树上，伸手要去抓向日葵，后面的小蜜蜂还在积极配合，使画面顿时变得丰富、有趣。

向日葵（宁燕玲指导）

葡萄熟了（宁燕玲指导）

　　《葡萄熟了》这幅作品，也是幼儿园墙饰设计作品，突出的特点是材料选择丰富多样，造型夸张、生动。情节选用秋季葡萄园果实成熟采摘时的快乐场面。背景、人物、树叶材料使用的是彩色卡纸，葡萄是用皱纹纸揉捏的纸球，颜色有深紫、浅紫、绿色、蓝色，呈块状错开摆放；装葡萄的筐，用的是校园里的松塔（松树的果实），一片片、一层层整齐叠放，用手工白胶固定。筐的提手和太阳的眉毛使用银色丝状的纸绳。太阳的光用金色的丝状纸绳，云朵使用棉花粘贴，形成了立体感强、质感突出的美景，富有童趣。

第一节 纸贴画

　　纸贴画是根据纸张的特点,按主题和构图要求,剪出具体形象后再进行组合拼贴而成的纸艺。同其他装饰画一样,造型追求简洁、概括,可以夸张、变形,色彩要求与整体环境相和谐统一。纸贴画在幼儿园环境设计中,根据使用功能的不同,可分为功能性和装饰性两类。前者如"班标""室标""红花榜""家园共育栏""每周食谱""晨检牌""保健栏""值日生表""活动安排表""作息时间表",等等,而后者主要是以装饰墙壁为主要目的。

一、幼儿园墙壁装饰画

1. 工具材料

　　工具有剪刀、铅笔、橡皮、直尺、镊子、胶水、双面胶、浆糊等。材料常用的有彩色卡纸、海绵纸、皱纹纸、吹塑纸、旧挂历、广告单等。底板材料可用卡纸、泡沫板、三合板等。

2. 方法步骤

（1）设计图稿

确定主题内容，用铅笔绘制草图，确定材料，根据画面内容选择颜色，划分色块。

（2）剪裁拼镶

把分好的纸块按照大小、形状、颜色准确地剪裁出来，并按草图进行摆放，可作必要的调整与加工。

（3）粘贴

把各个形象按顺序，准确地粘贴到背景纸上。

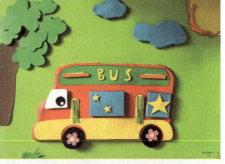

第七章 综合纸工造型

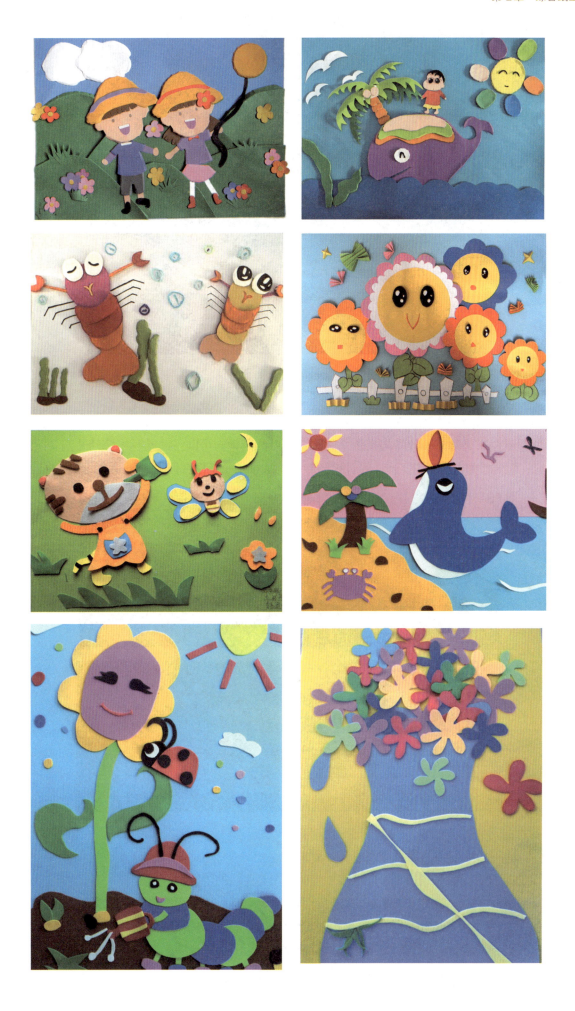

113

二、家园联系专栏

家园联系专栏,是幼儿园教师与家长之间沟通联系的园地。可以帮助家长了解幼儿园各阶段的教学要求和内容,配合教师做好教育工作。设计家园专栏对从事幼教工作有很大的帮助。

设计要点:
① 整体设计应突出美观大方,版面设计要有主次。
② 栏目内容要满足家长的需求,反映孩子当前学习与生活的情况。
③ 内容应及时更换,方便家长了解幼儿最新动态,调动其积极性和参与性,形成互动的教育合力。
栏目提示:《您最关心的事》《爱心导航》《快乐驿站》《家园共享》《家园小憩》《温馨提示》《快乐周末》《卫生知识宝典》《家园直通车》《五彩贝》《小小英文歌》《每周小明星》《环保小卫士》。

三、班牌设计

幼儿不同年龄，认知水平和心理特点也不同。因此，为幼儿园班级、教室设计的门牌，也要有所区别。有的幼儿园针对幼儿的特点，使用象征词汇，作为不同年龄班级的代称。例如，用萌芽类的词代称小班，如豆豆班、苗苗班等；用花朵类的词代称中班，如茉莉班、葵花班等。而大班则用果实类的词代称，如芒果班、苹果班等。班牌的设计，主要由字体和造型内容两部分组成。字体一般用美术字，如宋体、黑体、楷体、琥珀体、浮云体、花体等等。

工具：剪刀、铅笔、橡皮、胶水；

材料：彩色卡纸、海绵纸、瓦楞纸、皱纹纸等；

步骤：设计图稿；剪裁；整理粘贴。

四、开关装饰

现代建筑的墙面总是少不了各种式样的插座和开关,幼儿园里也不例外。用彩色卡纸为幼儿园的小朋友们专门设计制作的开关装饰,虽然缺少世俗的温馨,更多的却是稚拙和可爱,愿它们成为美化生活的一把钥匙,开启小朋友智慧灵感之门。让我们从小做起,从我做起,来感受装饰的美,享受富有创意的生活,爱护环境,节约宝贵的电力资源。

开关装饰制作步骤是:

① 设计草图。先量出开关的尺寸,在背景卡纸上裁剪好,如果没有具体尺寸,一般以生活中常见的 86 cm×86 cm 的正方形开关为模板,进行装饰设计。

② 剪裁整理。

③ 粘贴。

以下为作品范例,由宁燕玲指导。

第二节　幼儿园玩教具制作

在幼儿园的教学活动中，玩具、教具、学具是不可缺少的，是幼儿园教师一项基本教学技能，也是学前教育专业学生必须掌握的职业技能。

一、头饰制作

1. 工具材料

主要有彩色卡纸、海绵纸、旧包装盒、剪刀、双面胶、胶水、彩色笔、水粉颜料、回形针、松紧带等。

2. 方法步骤

① 设计形象，剪裁制作（或绘制）。

② 制作头箍圈。

③ 组合粘贴完成。

二、纸偶

纸偶种类很多，有手指偶、掌偶、纸盒偶、纸碟偶、纸袋偶、纸杯偶等等，可以利用生活中卫生、安全的废旧物品，如一次性纸杯、包装盒、信封、纸碟、纸袋（可以用彩纸折叠）来制作纸偶，帮助幼儿更好地理解与掌握所教授的内容，引导幼儿开展故事创编活动，提高幼儿语言的表达能力。

工具材料：主要有彩色卡纸、海绵纸、彩色复印纸（折纸袋）、一次性纸杯、纸盒、纸碟、信封、剪刀、白胶、铅笔、彩笔、橡皮等。

方法步骤：以手指偶为例（没有彩卡、海绵纸的话，也可以用彩笔画）来说明。

1. 指套型

① 设计形象；② 剪裁粘贴；③ 制作指套；④ 形象与指套粘贴到一起。

2. 整体型
根据形象的大小，下面的洞可以两个也可以一个。

3. 手指活动型
借助手指的灵活性，来表现形象的一部分或者用来运动。

指偶图例：

第七章 综合纸工造型

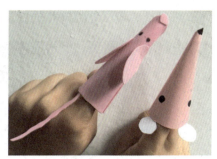

掌偶图例：

纸袋偶图例：

121

纸杯偶图例（史海洋指导）：

三、桌面情景教具

桌面情景教具是根据故事、诗歌的内容设计制作的小型立体桌面教具。它能直观地展现场景，使教学内容更容易被理解与接受。若配以纸偶、小型木偶等道具进行角色表演，会更加生动。这些小型玩偶可以拿在手上，也可以摆放在情景教具中方便幼儿理解角色之间的关系与情节发展，从而激发他们模仿、学习诗歌、故事的兴趣。

桌面情景教具可以是一个或者多个组合，单个情景教具一般统一背景，根据剧情发展，添加或撤换其中的角色或装饰物；组合式情景教具可根据情况制作不同背景，以达到最佳教学效果。

工具材料：厚纸板（或纸盒）、彩色卡纸、双面胶、手工白胶、剪刀。

制作步骤是：① 设计草稿，并思考采取哪种形式来表现，展开式桌面教具或者折叠式桌面教具；② 剪裁制作；③ 整理粘贴。

四、其他玩教具（图例）

第三节 综合纸工

一、纸工蔬果

　　海绵纸由于纸质柔软、细腻、颜色丰富，用针线缝制，可以制成玩偶，生活中常见的蔬菜、水果形象，用海绵纸缝制，内里塞入填充绵（可参照不织布的制作方法），效果也是很可爱、美观的。

　　工具材料（以黄瓜为例）：海绵纸，绿色、白色缝衣线，填充棉，针，铅笔，橡皮，剪刀，手工白胶，胶枪，胶棒。

方法步骤：
① 深绿色海绵纸 20 cm×14 cm。② 对折，上面画出图中纹样，剪好。

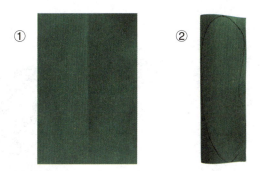

③ 用铅笔画出中线。④ 按着中线折好。

⑤ 用绿色线顺着折好的中线，留出约 2 mm 位置开始缝，两个都缝好。⑥ 用白色线错落地缝上白色的黄瓜的刺（十字形点点）。

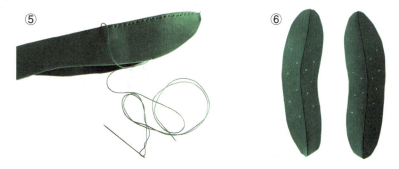

⑦ 缝线的一面朝外将几片缝合到一起，留约 5 cm 的口，轻轻将里面翻到外面，塞入填充绵缝好。

⑧ 用 4 cm 的黄色正方形海绵纸剪出一朵五瓣花，1.5 cm×4 cm 的深绿色海绵纸卷个纸卷，开口处用绿色线缝好。

⑨ 用胶枪将花粘到黄瓜的前面，绿色纸卷粘到根部。

纸艺蔬果图例（葡萄里面是 2 cm 的保丽龙球）：

下图填充物为软体泡沫或废旧纸张制成造型，外面粘贴纸绳、皱纹纸（指导老师袁欣）：

二、纸工编织

说起纸工编织，我们便想到颜色丰富的纸藤（专门编织用的），可是纸藤很贵，制作起来不划算，可用彩色纸绳代替，只是细些。编些好看的、各式的筐、箱等，装饰用，也很美观。不仅可以丰富学生的手工技能，激发热爱生活的热情，还能锻炼学生动手及创造美的能力。除此之外，生活中常见的旧报纸，一样可以用来编制生活小物。

工具材料：旧报纸、画报、彩色纸绳、纸藤、彩纸（手揉纸、皱纹纸）、细铁丝（支撑作用）、剪刀、钳子、双面胶、手工白胶。

方法步骤（以纸绳小筐为例）：

① 剪 6 根 27 cm 长的 24 号铁丝，将手揉纸裁成纸条，将纸条粘双面胶，包住铁丝。
② 将包好的铁丝三根在下、二根在上，呈十字形摆放，左外侧上面的铁丝向下折。

③ 从下面三根下面穿过，从右侧两根上面穿过，再从上面两根下面穿过，以此环绕，直到铁丝的长度缠完，做底。

④ 将铁丝展开。

⑤ 将纸绳放上面，接着一上一下缠，一圈圈（底的大小凭自己喜好定）。

⑥ 再取一根铁丝，分别在两侧勾住，做筐提手。

⑦ 将铁丝全部立起，同底呈 90°，接着一前一后围绕铁丝缠纸绳到一定的高度。

⑧ 将多余的铁丝插入纸绳中，呈花边状。

⑨ 完成。

以下介绍旧报纸编织。

将一张报纸对折，再对折，裁成四条（54.5 cm×9.5 cm），做成长纸卷，尽量细些（多卷几次便会熟能生巧）。

 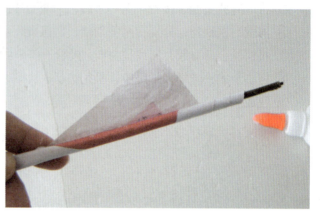

卷纸方法：

① 将裁好的旧报纸，左上端涂些白胶。用做纸花用的2号粗铁丝从左下方倾斜着向上卷。

② 最后再涂些白胶。多做些备用。编好之后可用喷漆上色。

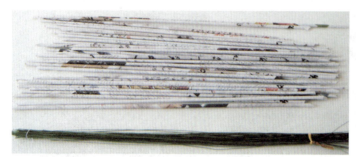 

纸绳编织作品图例：

三、手绘纸脸谱

纸脸谱，除了有人脸造型还有卡通及其他造型，可用丙烯或者水粉颜料画出花纹，富有装饰美感，不仅能提高学生的动手能力、审美能力、造型能力，还可增强学生的色彩感知能力。

工具材料：白色纸浆面具，铅笔，橡皮，丙烯颜料，调色盘，勾线笔（小号），水粉笔（大、中、小三支）。

方法步骤：

① 在面具上用铅笔轻画出图案，并考虑好颜色的配置。

② 上色前，先用勾线笔调颜色，勾勒线条（防止涂色不均）。

③ 再用相应大小的水粉笔涂色块。

纸脸谱图例（由王慧颖、穆野指导）：

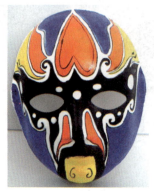

四、综合纸工造型图例

思考与实践

1. 以4开的彩色卡纸为背景，制作小型幼儿园墙壁装饰纸贴画。
2. 设计制作家园联系专栏。
3. 想一想，试着为幼儿园的教室设计制作门牌与开关装饰。
4. 根据某一儿童文学作品，设计制作玩教具。
5. 制作一件纸编小筐作品，或制成风铃装点居室。

参考文献

1. 张健中主编:《零起点学剪纸》,辽宁科学技术出版社,2014年版。
2. 谭阳春主编:《学剪纸就是这么简单》,辽宁科学技术出版社,2012年版。
3. 侯晓敏译:《小小剪纸》,辽宁科学技术出版社,2010年版。
4. 赵冶译:《利用过期杂志制作篮筐》,吉林科学技术出版社,2012年版。
5. BOUTIQUE-SHA 著:《趣味小纸编》,青岛出版社,2006年版。
6. 杨贤英著:《实用纸藤编织》,青岛出版社,2011年版。
7. 曹蔼莉译:《用不织布做蔬果小饰物》,河南科学技术出版社,2011年版。
8. 曾千恩著:《瓦楞纸娃娃屋》,艺风堂出版社,2006年版。
9. 胡荧恬著:《瓦楞纸做卡通玩偶》,河南科学技术出版社,2005年版。
10. 王群元著:《瓦楞纸酷玩具》,汕头大学出版社,2007年版。
11. 杨玉红著:《小巧手儿童益智折纸》,中国纺织出版社,2015年版。
12. 瑞克·比奇著:《折纸大全》,黑龙江科学技术出版社,2007年版。
13. 罗百胜著:《超可爱的三角片组合折纸》,河南科学技术出版社,2014年版。
14. 杨玉红著:《全图解纸艺花入门》,河南科学技术出版社,2013年版。
15. 布施知子著:《七彩花球》,河南科学技术出版社,2012年版。
16. 杨玉红著:《全图解折纸入门》,河南科学技术出版社,2014年版。
17. 多香山 幂籁著:《魅力衍纸花语》,河南科学技术出版社,2013年版。
18. 久保满里子著:《实用鲜花折纸》,青岛出版社,2008年版。
19. 杨枫著:《幼儿园教育环境创设与玩教具制作》,高等教育出版社,2006年版。

后 记

当前，学前教育越来越受到人们的重视，全国各地公立、私立幼儿园空前发展。为了更好地促进幼儿的身心健康，社会各界为学前事业创造良好的学习与生活环境，幼儿教师们潜心研究，精心设计，力求为达到理想的教育目的而不断地探索与实践。作为培养幼儿教师的专门学校，在教学内容、教学方法、课程改革、教材建设等方面必然要有突出的表现与创新。

手工是幼儿园的重要课程之一，它不仅能锻炼儿童动脑、动手的能力，同时促进儿童智力与身体协调、健康发展，也是幼儿教师教育的基础课程。手工的种类很多，其中各种纸类手工制作是非常普遍而实用的体系。基于几年的教育教学实践与摸索，我们将几种常见的适用于学前教育专业学生学习的纸工制作编写成教材，方便学生们学习与实践。其中纸花DIY、纸服装制作，我根据生活中的花草、服装，结合纸艺制作技巧，拍成制作步骤图，抛砖引玉，希望学生们创作出更多更好的纸艺作品。《手工纸艺教程》包括基础理论知识和基本技能训练，学生学习的过程中能够得到启迪与提高，便是本教材的初衷与目标。

《手工纸艺教程》是面向学前教育专业学生的一本综合类纸工教材，教学内容收编了剪纸、纸雕、立体卡片、纸塑模型、折纸、衍纸、纸花制作、纸服装制作、纸编、纸脸谱、幼儿园墙饰设计、玩教具制作、儿童手工，以及一些综合类纸工等不同类型的纸艺。为了方便师生们理解与应用，教材中采用了许多优秀教师与学生的纸艺作品，展示不同的制作技法与造型风格，系统地体现学前纸艺教学体系与实践的成果，并且结合幼儿园教育教学实际，立足普通高等学校学前教育专业和幼儿师范院校纸艺手工特色，强调纸艺手工基本技能的掌握，培养实际操作能力与创新意识，突出学用结合与幼儿教师教育的特点。在内容上尽可能展现现代幼儿教学理论与手工纸艺的教育教学成果。每一类纸艺从基础技法、优秀作品展示到详细的步骤解说，能够让学生在轻松、愉快的学习实践中，掌握制作规律与技巧，敢于创新，大胆地运用这些规律创造性地塑造更多、更好的平面、立体纸艺作品，增强职业技能的训练，提高造型能力、审美能力、创造能力。在学习实践中，既能具体制作、应用，又能结合实际举一反三，充分发挥学习兴趣和积极性，将不同类别的纸艺，灵活应用到各种教育教学、环境创设、游戏活动和现实生活当中去，为将来成为优秀的幼儿教师打下坚实的基础。

在教学实践中，可根据学校实际情况安排课程规划。本书内容繁杂，编写的过程紧张而漫长，为了更好地展现我国优秀的传统民间艺术，让读者了解更优秀的艺术作品，分别在第一章、第六章概述里引用了一些出版物中的图片，让学生感受纸艺作品的唯美与精致，激发学生的创作积极性与灵感。在此对原作者表示诚挚的感谢。

教材第一章、第二章、第五章、第六章由杨玉红编写。第三章由杨鹤、李嘉佳、杨玉红编写，第四章由王慧颖、曹家毓、葛晶、肖宇虹、杨玉红编写，第七章由宁燕玲、袁欣、穆野、王慧颖、曹家毓、葛晶、许婷、史海洋、王鹤、王世芳、张黎娜、杨玉红编写。

本教材是所有参编教师、学生共同努力的结果，集体智慧的结晶，在黑龙江幼儿师范高等专科学校校、系领导的支持与帮助下完成此书，在此表示深深的敬意与感谢。本书在编辑的过程中难免有疏漏与不足，敬请广大师生批评指正，提出宝贵的意见，以便修改完善。

图书在版编目(CIP)数据

手工纸艺教程/杨玉红主编. —上海：复旦大学出版社,2017.9(2020.9重印)
全国学前教育专业(新课程标准)"十三五"规划教材
ISBN 978-7-309-13059-1

Ⅰ.手… Ⅱ.杨… Ⅲ.学前教育-纸工-技法(美术)-幼儿师范学校-教材 Ⅳ.G613.6

中国版本图书馆CIP数据核字(2017)第158297号

手工纸艺教程
杨玉红　主编
责任编辑/朱建宝

复旦大学出版社有限公司出版发行
上海市国权路579号　邮编：200433
网址：fupnet@fudanpress.com　http://www.fudanpress.com
门市零售：86-21-65102580　团体订购：86-21-65104505
外埠邮购：86-21-65642846　出版部电话：86-21-65642845
上海崇明裕安印刷厂

开本 890×1240　1/16　印张 8.75　字数 245 千
2020年9月第1版第3次印刷

ISBN 978-7-309-13059-1/G·1736
定价：35.00元

如有印装质量问题,请向复旦大学出版社有限公司出版部调换。
版权所有　　侵权必究